FIRST EDITION - Published 2021

Extra Graphic Material From: www.freepik.com
Thanks to: Alekksall, Starline, Pch.vector,
Dgim-studio, Upklyak, Macrovector
& Freepik.com Designers

This Book Offers Free Bonus Puzzles

Available Here:

BestActivityBooks.com/WSBONUS20

GET
YOUR
BONUS
CODE: WSBONUS20

FREE

5 TIPS TO START!

1) HOW TO SOLVE

The Puzzles are in a Classic Format:

- Words are hidden without breaks (no spaces, dashes, ...)
- Orientation: Forward & Backward, Up & Down or in Diagonal (can be in both directions)
- Words can overlap or cross each other

2) LEVEL UP THE GAME!

A space is provided next to each word to write new ones, translations or notes. We also offer a convenient **NOTEBOOK** at the end of this edition. It can help you organize your annotations, new words and/or observations.

3) TAG YOUR WORDS

Have you tried using a tag system? For example, you could mark the words which have been difficult to find with a cross, the ones you loved with a star, new words with a triangle, rare words with a diamond and so on...

4) EASY TO CUT!

The Puzzles come with an Extra Large margin to easily cut the page out of the book. Some people may feel it more convenient to solve them this way.

5) FINISHED?

Go to the bonus section: **MONSTER CHALLENGE** to find a free game offered at the end of this edition!

Want **more fun** and activities to **relax? It's Fast and Simple!** An entire Game Book Collection **just one click away!**

Find your next challenge at:

BestActivityBooks.com/MyNextWordSearch

Ready, Set... Go!

Did you know there are around 7,000 different languages in the world? Words are precious.

We love languages and have been working hard to make the highest quality books for you. Our ingredients?

One part easy-to-read print, three parts entertainment, then we add some challenging words and a pinch of rare ones. We brew them with care to serve you lots of fun and an opportunity to solve the best puzzles.

Your feedback is essential. You can be an active participant in the success of this book by leaving us a review. Tell us what you liked most in this edition!

Here is a short link which will take you to your Amazon orders review page.

BestBooksActivity.com/Review50

Thanks for your fidelity and enjoy the Game!

Delta Classics Team

Puzzle 1

```
T M Z S A T N A M O I T H C O
T A G O E D I P S A Z N N F D
A R T R D É I L E Á I L O G E
W T R J S G B W P U C S U N S
L E D A T N Ú I S I Á N Z E C
F K B N G D B L Q V N A I M E
Y A P D W M Z Z R A I D I S N
D C D S I É T I A R T S O N D
N P Q C F B E R C R N T F O P
A U V M Ú I T S I N I A H B Z
Z C W S C A F O T A P A T R Y
A C U C C F A B H R A C H O K
W P M H N Y C A I L Í N Í H E
S H A N N A D H B O A T Z Z U
```

FABHRACH	STRAITÉIS
DÉILEÁIL	TAOBH
MIAN	TRAM
TIOMANTAS	FERRET
SHANNADH	NÁISIÚNTA
SPIDEOGA	BHAINISTIÚ
TAPA	DESCEND
GUNNA	CUPCAKE
RAIDIS	OCHT
CAILÍNÍ	ARTACHA

Puzzle 2

```
H  D  A  E  N  N  I  R  S  U  R  B  E  L  B
N  T  E  L  É  I  S  V  L  I  A  I  R  M  A
Q  P  G  O  Í  D  N  A  O  C  S  O  Y  O  I
U  O  M  P  N  F  T  E  I  U  P  U  F  L  N
W  X  É  É  A  A  T  I  I  A  Í  Q  I  P  E
N  Z  I  G  A  S  C  S  A  R  O  D  C  M  A
U  F  D  Y  I  D  M  H  V  D  N  O  D  N  N
V  D  V  N  F  X  A  U  X  A  Ú  R  H  B  N
U  Y  I  M  G  Z  A  C  R  I  N  W  K  M  E
A  A  T  O  P  A  I  C  H  G  B  O  S  C  A
B  A  I  M  S  I  Ú  H  Y  H  M  A  L  O  F
M  Ú  R  M  H  A  I  S  I  Ú  N  P  R  M  H
F  H  U  L  A  I  N  G  T  U  K  G  G  M  G
C  Y  D  A  O  N  L  A  T  H  A  C  H  A  T
```

MÉID	TOPAIC
FHULAINGT	ÉIS
DEONACH	BAINEANN
BHRÚ	BAINISTEOIR
DAONLATHACH	CUARDAIGH
BOSCA	FOLAMH
DORAS	AIMSIÚ
MÚRMHAISIÚ	RIAIL
ÉADACH	SPÍONÚN
RINNEADH	DÍOG

Puzzle 3

```
P  B  K  W  D  E  G  E  F  Q  R  T  M  F  T
O  T  K  E  V  N  H  D  K  E  T  B  Q  V  D
I  I  M  L  G  T  H  C  A  D  Ú  L  H  C  U
N  C  F  B  A  Í  P  H  R  Í  O  S  Ú  I  N
T  O  Q  A  B  S  P  E  I  C  I  S  S  I  L
E  N  Á  H  C  Ú  R  R  O  I  G  B  E  C  É
T  O  E  G  G  A  M  Ú  Y  O  H  Q  A  R  I
U  C  I  U  G  U  A  I  L  E  L  S  B  O  R
G  H  E  A  R  O  I  R  A  P  O  A  H  Í  I
T  T  K  L  C  U  I  R  T  Í  N  Í  A  I  Ú
H  A  D  A  I  E  T  U  Q  Q  H  I  C  F  I
A  N  A  Y  S  Y  X  X  Q  H  E  F  C  C  P
P  N  T  R  Á  C  H  T  A  S  R  B  L  O  K
C  I  A  L  L  M  H  A  R  A  G  T  Z  I  G
```

CUIRTÍNÍ   CIALLMHAR
GUAIL   POINTE
TRÁCHTAS   OLA
NOCHTANN   TUGTHA
IORA   CROÍ
SPEICIS   PHRÍOSÚIN
SEABHAC   DHÍBHE
BHEART   CHLÚDACH
GIORRÚCHÁN   LÉIRIÚ
AMÚ   LAUGHABLE

Puzzle 4

```
J  L  B  Z  C  G  B  C  N  A  A  A  M  J  D
S  A  R  R  A  T  H  C  A  E  C  A  C  W  R
H  D  A  Y  I  B  A  T  Ó  C  B  S  R  W  G
I  H  I  V  F  B  B  D  Y  P  A  J  H  Z  W
M  A  N  H  E  K  H  L  Í  N  I  G  N  I  P
P  R  S  E  U  Y  T  Y  P  N  C  E  Ú  T  C
L  H  E  E  H  M  A  S  T  Á  I  T  R  U  H
I  D  G  B  M  I  B  D  P  I  J  E  T  A  E
Ú  A  M  X  M  R  G  L  H  G  D  H  A  S  A
C  L  L  I  Ú  H  C  A  E  D  W  I  P  L  R
N  O  M  I  O  N  L  A  I  G  H  E  T  A  T
B  E  P  O  L  I  C  E  M  A  N  E  C  G  Y
T  H  C  A  E  R  I  Ó  T  S  A  E  M  Á  Z
C  S  X  B  K  Y  X  K  U  U  N  Y  N  N  P
```

DEACHÚIL	NASC
MEASTÓIREACHT	BRAINSE
CHEART	PINGINÍ
SHIMPLIÚ	CÓTA
TUASLAGÁN	STÁIT
BHABHTA	SHEOLADH
CEACHTAR	CAIFE
MIONLAIGH	CAGE
HUMBLE	LADHAR
POLICEMAN	PATRÚN

Puzzle 5

```
Q W F J Z Q M I A L G A E T L
M O Y O M U D A I I A F L W I
E D I E R P T Á P M P M U H T
C S T O C M T S A I É V B Z Y
U I X F I H A J S R I H W B K
L Á K C C I C T S T N C A R R
T G I Á O D O I R T T A M G Q
Ú Z E N I F E Y N H E T A O X
R R A A R E W V J F Á R É N M
T D G Q P A H U J M I A T O P
H A H L S T T D Z U L P B C U
A F V W K E T T L E S S E R L
S R Á I D B H A I L E O V A E
O N C Y B J Z E J O E Í U S U
```

STOC
TÉAMA
SRÁIDBHAILE
GÁIS
IONADH
ÍOSPARTACH
FORMAT
DOIRT
TEAGLAIM
PASS

PÉINTEÁIL
CARR
REÁCHTÁIL
THUMP
SPRIOC
IMIRT
FEAT
CULTÚRTHA
OCRAS
KETTLE

Puzzle 6

```
S E N C V K T F M Y H F A H T
B O O M Í N Í P S I B W M Í R
H R I F H Á G I I I E A C O O
E O A L Á D N Á L S E H B G M
A N K P I K H C R N L C G A P
L I D H K R X C I I M A H I A
A O Z T N Z E O U L R L N R I
C N L H Z B A B C B I E Ó O N
H I B U F M K G E O O K E Í T
O Q N M S C C N L G F D R F B
C B E A C N A M A Í O C H E R
O K A C A U Y C R O C K K J U
J G Ú I N N I U R C D Z W C S
O Q B R R X D Z S M L G L W H
```

PAINTBRUSH
OBAIR
GOBLIN
SOILIRE
ISPÍNÍ
GHNÓ
FOIRMLE
TROM
ROCK
CRUINNIÚ

LACHA
EACNAMAÍOCH
ÍOGAIR
ONION
UIRLIS
BHEALACH
FÍOR
SLÁNDÁLA
SMAOINEAMH
FHÁG

Puzzle 7

```
P  J  A  N  T  O  G  Y  Q  P  J  M  P  T  A
F  H  Z  K  O  Q  S  D  D  I  A  N  H  U  I
H  I  H  T  E  I  A  N  H  Q  I  N  N  A  G
C  P  O  G  R  M  M  A  L  T  K  L  E  I  N
A  L  T  H  R  J  H  C  A  N  Á  C  T  R  E
H  A  T  A  L  C  A  I  F  V  Q  N  T  I  W
B  I  E  S  P  Ú  R  G  A  E  Z  I  O  M  Y
A  D  N  B  A  É  T  F  M  U  S  W  R  F  T
E  X  K  Z  I  T  U  A  I  R  T  E  Á  L  A
R  S  J  M  M  A  L  A  R  T  A  C  H  C  X
S  S  S  F  U  A  I  M  N  I  Ú  E  U  V  G
C  E  A  N  N  A  I  R  E  N  Í  L  M  I  A
T  R  E  O  I  R  L  Í  N  T  E  N  U  R  V
S  R  Ó  N  B  H  E  A  N  N  A  C  H  L  A
```

DIAN	SRÓNBHEANNACH
AIGNE	FUAIMNIÚ
AITHRIS	CANDY
FIACLA	TUAIRTEÁLA
GANN	ROTTEN
CÁNACH	EAGRÚ
SREABHACH	CEANNAIRE
MALARTACH	TREOIRLÍNTE
DEARMAD	RÉIMSE
IMLÍNE	TUAIRIM

Puzzle 8

```
S M W L H O V F C M T N C G C
R O M H A I N N H A Á I H H R
T K A L L A H B M I I C E E R
J É P E A C H Y P R R E I A L
R K A B B E O I R E G L S L V
Q B Q C D U A I S A E Y T A S
E H C A S Á F A U C A S H C H
J O N N A R H M O H C R E H E
Ú R E S H B I A H T H L A H I
N S B H R I S A N Á T D S N C
M G Á T Q Q L I T I P I A C E
J H Q I W U H Z W L A E W V Á
U U C H D A F D A É H F V N I
V O L C A Z Q B L P X O X P L
```

TÉACS	UAFÁSACH
IMBHALLA	ÚSÁID
MAIREACHTÁIL	CAIPITIL
TÁIRGEACHT	PEACH
FHÉADFADH	SHEICEÁIL
AIS	DUAIS
THAIBHSE	CHOMHRANN
CHEIST	ROMHAINN
NICELY	GHEALACH
BEOIR	BHRIS

Puzzle 9

```
A P L A I S T E A C H S W C K
R E A I N M H I T H E B U E W
D Z E F A C H T Ó I R H R A S
Ú W S C U B V X N Z I L O R F
C Z Í W T R A H B A E L T T P
M C   B R Í S T E T H P H D R
D O B A N P G R P L C C L I I
G A S N I Z E I I Á I X Á F O
H D I A O E D Ú L R F H C E E
S O D S D Q M T I A P T R A M
R S T A Q P O N Ú E R H L R R
F S H W J U C O I N O A D N I
Y B K R P I J C T I J M K L E
S P R E A G A D H G N Z M T F
```

ÍSEAL	FICHE
SODA	PLAISTEACH
GINEARÁLTA	FEIRMEOIR
BRÍSTE	SPREAGADH
AINMHITHE	ARDÚ
LEABHAR	MEÁCHAN
CEART	SIAD
ROTH	CONTÚIRT
ROINN	FACHTÓIR
DIFEAR	TIÚILIPE

Puzzle 10

```
F D T N V D H T O M E A A Y L
B A R R I T R B I S L M O Z O
Q F A K I A P C R I F Q S X N
Z Z Z R T L H D A G O C T Y N
O W C E S T S M L C D Z A F A
T E I P Z R C D O Q B U I É I
Z O G C Ú R S A F D D W D A T
B G O F U W B G N R Á L C D H
S Ó M M Z S V O N A B B W F E
P R Í O B H Á I D E A C H A O
Y A S P A R K L E I I Z V I I
W I I A T H C H A S A D H D R
S C R Ú D A I G H X Z L K H Í
I R O X C U A I R T R W X J C
```

BARR
ELF
SPARKLE
MOTH
SCRÚDAIGH
CÚRSA
ARD
CRITH
PRÍOBHÁIDEACH
CUAIRT

FÉADFAIDH
KID
PER
CLÁR
DOMHAIN
STAID
LONNAITHEOIRÍ
CIARÓG
ATHCHASADH
COGADH

Puzzle 11

```
C Y N N U B S K J G W D W B V
L N E S A I N E O L A I T H E
Ú E A O K R U M Z T S C F K G
D A C W X N B H T É N J B I L
A M H L I Á E N N I O H C T U
I H T T K B U L C P I T Q T A
T A A W P H Q Á Z Q R W Í E I
H I R A M Y I E I N P D P N S
E R J A D Y T N C R I B E V T
V D E X U K N I O A I N F P E
T L K K S I A U D J P T V D Á
G C O I S T E M N A L W H X N
O L E I B H É A L Q N M M E V
D T R I O B L Ó I D S Y L F P
```

GLUAISTEÁN   ANTIQUE
KITTEN   BUN
MUINEÁL   LEIBHÉAL
NEAMHAIRD   CLUB
TÉIP   GCOISTE
DTRIOBLÓID   ÁIRITHE
SAINEOLAITHE   DAIDÍ
CLÚDAITHE   BUNNY
CHOINNEÁIL   PRIONSA
LEAMH   NEACHTAR

Puzzle 12

```
C P T A A N B Z W Q L G H G U
A L Q O M H A I W H L G G A C
I K C F N S L Q T I J I I M
G E K L I N Ú H K A Ú T S R I
H I M M A S I C L G T E I M S
D É I G I N N A A I N R Ú I A
E T I O C S E T É K A I H Ú I
Á U H O L H E S D F I C D I G
N A É E B L D Ó I S L Y N L H
A G A R P Z G R P D B N S U D
C F Ó E T D I Á S Ú H T A N I
H H G A I R M E O Z W A D H Ú
M Á I N E A S A L O C H Á N I
C H L E A C H T A D H U V D R
```

BALÚIN
IN-ATHÚSÁIDTE
GAIRME
SAIGHDIÚIR
UNCAIL
ÁINEASA
CAIGHDEÁNACH
DHÚISIGH
TONN
ÉAN

CHLEACHTADH
LOCHÁN
MHÓRBHEALAIGH
GAIRMIÚIL
ÉIGIN
BLIANTÚIL
AINM
SCOITE
ÓSTACH
OSPIDÉAL

Puzzle 13

```
I  S  X  T  C  I  C  O  N  C  E  I  V  E  P
Y  O  E  O  Z  J  N  Í  S  I  A  E  M  K  X
W  Y  U  M  L  S  W  C  H  G  L  A  N  Q  C
A  A  E  H  D  D  X  C  L  F  Y  G  Z  I  U
V  L  D  A  W  F  A  S  N  I  A  L  P  N  E
N  E  P  I  E  T  N  É  X  K  N  Q  E  I  I
N  L  S  S  Ó  Z  F  Ó  R  B  Í  E  A  Ú  Q
K  H  U  L  I  B  H  T  A  T  T  L  N  C  N
U  E  O  T  A  I  G  H  D  E  N  C  N  H  K
A  Í  I  I  E  F  N  C  Ú  Y  I  I  U  A  A
P  A  R  S  Q  Y  N  O  H  M  A  T  P  D  C
P  R  U  A  I  S  T  E  O  I  R  R  N  H  V
K  A  F  L  A  B  H  A  I  R  T  A  T  Y  B
X  L  D  L  D  B  E  A  R  T  A  I  S  U  U
```

LABHAIRT	INCLINE
BEARTAIS	CONCEIVE
AISTEOIR	GLAN
PÍOLÓTACH	FURIOUS
MEAISÍN	INIÚCHADH
ARTICLE	PEANN
AINTÍN	LARAÍ
ÚDAR	OCHTÓ
TOMHAIS	PLAINS
TAIGHDE	TRÉAD

Puzzle 14

```
T  I  C  M  P  B  B  Y  T  D  W  N  L  F  B
R  C  O  A  L  L  E  N  Ú  I  S  I  Á  N  J
Í  Á  M  H  Á  Í  A  R  M  N  W  Z  F  E  Y
O  I  H  T  I  A  C  N  J  N  U  Q  I  B  Í
C  S  G  R  N  S  H  E  M  É  I  Y  D  L  T
H  S  H  A  É  H  D  O  Í  A  N  H  G  O  R
A  O  A  C  I  B  D  T  L  R  T  R  S  R  I
T  I  I  S  D  O  X  M  M  I  G  Ú  R  É  Á
I  L  R  Ú  C  G  F  W  I  E  L  S  V  I  H
U  É  D  I  D  A  P  S  A  A  Q  A  R  G  P
B  I  E  D  Z  É  N  K  S  S  T  É  C  I  N
H  R  A  N  Y  X  A  N  A  I  O  S  W  Ú  N
S  X  S  I  P  K  P  H  Á  U  Y  S  P  N  A
B  Ó  T  H  A  I  R  U  A  N  P  H  Z  I  R
```

ROGHNAÍODH	CÁIS
TIUBH	RANNPHÁIRTÍ
NÁISIÚN	BEACH
MIASA	PLÁINÉID
SOILÉIR	SCANNÁN
COMHGHAIRDEAS	RÉIGIÚN
LILAC	ÉAGOBHSAÍ
INDIÚSCARTHA	TRÍOCHA
SÉASÚR	SHIN
BÓTHAIR	DINNÉAR

Puzzle 15

```
B E A T H A O H V W S W H U A
F N S A K B V C A Y W M F X U
P Z A W I E L A T N A I L B M
H B E F H A T T D N S G C Y P
E P T R D V Z H Ú N Í A D A É
U Ú E J A Y D C R O H G O Q Y
B I T H E O L A Í O C H T R C
A H N C L K W S M A T W S R B
I C I O L R M Ú K K U P I Á U
S I Á R I Z M D K U I Á C L I
L E L C A F V I E J P X H V D
I D S R H F Í O N C H A O R É
N Q Y A C L I A T H R Ó I D A
G F X A V P S C Á T H C J G L
```

TEASA	FÍONCHAOR
ÉADAÍ	BEATHA
LIATHRÓID	LÁR
PÁIRC	MÍR
BUIDÉAL	SAOR
AISLING	DÚSACHTACH
CHAILLEADH	CORCRA
CÚNAMH	BITHEOLAÍOCHT
SLÁINTE	SCÁTH
DEICHIÚ	BLIANTALE

Puzzle 16

```
T S H T S E A C H T R A C C P
H V N R L S Á P S N V V Z O X
A T Á R E U B Q D F J T N M O
I D C H A N C U Q T E I K H A
T Z R R M T I A A O B Y C A P
I B M C H A U N I R A H T O Ú
N I G D N S I R Y R T L V N D
Q H W M Á A I I Y R P H C T A
Z Y B K N C A N S E O É A Ú R
Q A S I A H C A E D I O A T E
V S O L Á T H A I R T Í O D Z
V L Í O M A N Á I D N T A V P
R C A H K U F É I L E A C Á N
T A I F E A D T I O M Á N A Í
```

SPÁS   SOLÁTHAIRTÍ
TIOMÁNAÍ   CAIRPÉAD
EACHTRA   ANSEO
BUARTHA   FÉILEACÁN
RÁTA   NUA
COMHAONTÚ   SLEAMHNÁN
SUNTASACH   OIDEACHAIS
THAR   THAITIN
TEOIRIC   TAIFEAD
PÚDAR   LÍOMANÁID

Puzzle 17

```
B  T  I  M  I  D  S  N  B  S  K  C  E  K  D
C  L  L  G  L  W  Á  S  A  N  I  X  A  U  H
E  A  Á  I  F  T  Y  H  N  O  T  A  C  R  F
J  C  M  T  N  X  N  G  A  W  E  J  H  H  L
E  W  A  A  H  G  I  N  L  D  L  A  T  C  W
V  C  I  I  Y  A  E  H  T  R  Z  E  R  A  X
K  R  X  D  N  F  N  C  R  O  V  T  A  E  O
T  H  C  O  L  T  B  N  A  P  G  S  C  R  C
A  R  Ó  L  N  N  T  Y  A  S  G  P  H  H  C
N  M  O  N  A  T  Ó  I  R  E  A  C  H  T  A
N  Í  F  I  U  P  F  W  A  L  R  V  M  I  S
A  D  Ó  I  T  E  T  K  J  I  X  K  A  Á  R
M  N  Á  H  C  A  T  S  A  E  M  I  V  L  U
H  U  L  I  F  R  E  E  S  I  A  S  K  L  Q
```

TIMID	CAS
ANNAMH	EILE
TRIANTÁN	NIGH
MONATÓIREACHT	EACHTRACH
PUIFÍN	CAINT
FREESIA	LÁITHREACH
BLÁTHANNA	RÓL
MEASTACHÁN	SNOWDROPS
DÓITE	BANALTRA
KITE	LOCHT

Puzzle 18

```
M N R U L S E L C I C I T Q B
O Z Z W L R A S H A W O J B A
N V O F I G Í D M S O S P Q S
A X P P A K A I Á I V X G H E
P K M R S C N Á N A É R O I B
W A E J A O Ó R C J X R E I A
V L Q L X S C T Q L S I N X L
U E H B Z O G R C U E R N Y L
K G P U P P Y O O H O X I X W
C H O S C X M P P B M O U I V
I S Z I J Z S Y A F R U F Q R
Z L G Ú Y D C O I L A R B E Z
C G A J M X M L R A L Y P J I
Q A E U V B T A R R A I N G T
```

CHOSC	ZEBRA
PUPPY	BASEBALL
SAILL	PORTRÁID
FUINNEOG	ÚIS
ICICLES	SOS
MONA	GHLACADH
N-RÉIMSE	VAMPIRE
CNÁMH	GCÓNAÍ
SEOMRA	SOCK
TARRAINGT	COPAIR

Puzzle 19

```
R N H U Y U L H I Q V Q T P A
O I M I B I C U M W M I T K T
G M C H Á A G M E Y H R I V N
H H B L N D N P A T F Ó G R A
A E A R Ú N N O L S A B A V É
L I Á S F E I A L P U R J S D
R L G O G L E A T H A N A C H
T H O S A I G H B I O L R Ú M
V I E T W H M Í U L C G P M C
F A R R A I G E I T N I B O M
M A R M P B Q H D S I Ú C R A
D E A R G L K N É N P C F L T
L É I R Í O N N I P O I E K H
E I L I F I N T L D N Z Q Z O
```

ASLONNÚ
LÉIRÍONN
BUIDÉIL
THIT
LEATHANACH
FÓGRA
DÉANTA
ROGHA
NIMHE
LÁRNACH

IMEALL
EILIFINT
DEARG
LUÍ
MAR
IOLRÚ
THOSAIGH
FARRAIGE
RIALÁIL
SIÚCRA

Puzzle 20

```
I  K  A  N  G  A  R  O  O  Ú  A  E  C  S  X
B  O  J  E  U  T  N  E  R  U  Z  E  H  Z  U
L  G  N  R  K  F  J  H  J  E  L  L  I  U  D
O  F  T  C  Z  O  T  C  A  X  T  S  N  O  P
I  V  Y  Ú  H  O  N  Í  Z  Q  E  X  E  O  V
C  Y  K  R  A  U  N  O  J  I  N  E  Á  R  X
V  F  I  H  Z  R  R  R  R  B  I  G  L  O  T
R  U  S  T  G  P  G  B  O  E  C  D  X  M  K
É  S  U  A  I  T  H  E  A  N  T  A  S  F  E
N  R  V  M  F  Í  I  X  D  R  W  M  U  V  Z
N  A  C  B  S  C  H  O  S  A  I  N  T  T  U
I  S  T  E  A  C  H  C  E  A  P  A  I  R  E
T  H  I  O  M  Á  I  N  T  O  T  X  Y  U  H
A  C  M  H  A  I  N  N  G  L  A  S  R  A  Í
```

DUILLE   THIOMÁINT
CHINEÁL   CINE
SHAOTHRÚ   IONCHUR
GLASRAÍ   KANGAROO
SEIRBHÍSE   BLOIC
ATHRÚ   SUAITHEANTAS
INNÉ   ISTEACH
TOLG   DAOR
OÍCHE   ACMHAINN
CEAPAIRE   CHOSAINT

Puzzle 21

```
L  C  V  O  S  O  N  T  A  C  E  L  O  P  E
H  U  O  V  P  Á  A  O  R  Q  P  O  C  D  F
Q  N  F  N  H  X  C  I  U  E  K  I  H  E  D
N  X  K  T  A  D  O  U  A  S  A  L  I  I  C
Á  F  U  R  E  S  I  O  A  R  O  F  C  S  Y
E  R  Y  I  C  E  Q  M  B  N  O  B  Ú  E  M
S  I  C  A  Ó  R  X  C  A  N  D  I  I  A  X
I  Ó  R  B  F  F  I  Q  W  B  H  L  S  N  S
C  H  O  A  R  F  L  L  H  W  R  M  N  N  T
J  T  C  S  A  R  J  M  R  T  P  Z  R  A  O
W  R  U  H  N  M  G  G  Ú  Q  T  B  F  B  P
D  R  S  T  O  B  W  W  N  E  G  B  P  U  C
H  A  Y  L  F  N  O  G  A  R  D  A  E  Í  V
E  I  I  O  M  L  Á  N  Í  K  S  Y  H  V  U
```

CAN
STOP
CÓFRA
CONAS
DRAGONFLY
IARRTHÓIR
ABAIRT
BAY
BUÍ
CRIOS

UASAL
CROCUS
CÚIS
SRUTHÁN
RÚNAÍ
POLECAT
DEISEANNA
FORAOISE
CISEÁN
IOMLÁN

Puzzle 22

```
B D M O K N R I A C A E D E O
R Y F P A X H X G M S Q S L S
Ó L H T R N G N F A Á K H C Q
N Á E L I O T M H V Q R X I Q
A S T A M P A C D A Y T A R M
C F I O N N A C H T A N A C W
H G C O D A R S N A C H T E H
C G Z N S X H Ú Q P A S T Ú C
A Z G E A R R T H A I M A I L
G O W L E C K V A E Z L Y E R
R D A H T R A S A E M Z L H K
A M G I I A N B H A I N T I B
E H R N Á N A M H A R C B E R
F B H F R C H É I L E W K V Z
```

MAIL
FIONNACHTANA
AN-BHAINT
GCODARSNACHT
AMÁRACH
AMHARC
CHÉILE
STAMPA
PILL
DEACAIR

OWL
RÁITEAS
MEASARTHA
TÚS
CHASE
ASTÚ
GEARRTHA
FEARGACH
OILEÁN
BRÓNACH

Puzzle 23

```
Z  E  R  I  Á  G  G  R  Á  M  H  A  R  A  D
G  Z  A  N  N  A  N  O  I  H  M  A  E  N  V
O  L  T  S  B  R  A  T  A  C  H  F  Á  L  Y
P  Q  U  E  Ó  D  L  G  G  U  X  S  B  G  E
Í  A  L  A  E  G  S  A  O  T  H  A  I  R  G
O  U  J  P  I  D  E  M  Í  U  H  C  M  A  R
I  O  A  R  P  S  A  K  R  Z  H  B  S  B  E
R  E  S  I  S  T  E  B  H  U  A  I  G  H  A
S  H  O  C  R  Ú  X  A  S  M  K  L  E  C  N
F  Z  N  T  A  H  E  E  C  Z  T  R  Y  P  N
M  H  A  R  G  A  I  D  H  H  A  I  C  I  M
O  W  Q  U  C  L  Y  Q  M  E  T  E  D  A  H
H  N  V  H  F  Z  A  J  S  D  J  A  E  M  A
X  E  Y  C  C  Ú  L  C  H  I  S  T  E  A  R
```

SEILF	GRÁMHARA
SHOCRÚ	GREANNMHAR
SPRAOI	GEALAÍ
EASÓG	CHUR
CÚLCHISTE	SAOTHAIR
BRATACH	FÁL
GÁIRE	MHARGAIDH
RESIST	AICI
NEAMHIONANNA	BHUAIGH
GLUAISEACHTA	RÍOGA

Puzzle 24

```
Q U T E S N G L D D N E R A S
N P Z N I Ó R X I T T X M P A
F Ó N Á I D I R O W Q U A A O
L G E G R I Á T P P H M S N N
M M F L D A Q T L C M G P R A
C Í G F C M S A Ó I O A V O D
S N C D W A I X M A H C Z T I
V A R H B A L S A N C X Q L Ó
P E I M U O I F C O N F R I M
K H E A Z Í O G S H Z W Q M O
O B Q K D P B A A C Q O M I Í
B A L C Ó I N P É S X O A U L
T H U A R B V V Q A T U Q C W
Y N J P R R D Q B L H N J K T
```

AONAD	RÓIN
TORNAPA	SLABHRA
CHOMH	TÁIRGE
LÍOMÓID	FÓN
CHUMA	THUAR
ÉASCA	CHONAIC
BOIL	BALCÓIN
IDIR	BHEAN
MEÁIN	DIOPLÓMA
MÍCHUÍ	CUIMILT

Puzzle 25

```
B  K  C  E  P  X  U  D  C  H  H  R  Q  T  T
R  C  L  Ú  I  R  I  A  H  M  L  L  A  R  P
E  B  O  J  B  Y  G  E  O  A  W  C  L  É  L
A  P  Í  C  M  H  O  C  R  L  V  T  E  I  Ú
T  J  F  G  H  B  R  H  R  L  Z  U  H  M  R
H  Y  G  C  E  U  O  Y  R  A  C  H  T  H  P
E  M  S  B  P  N  I  Y  P  G  E  L  I  S  L
G  E  A  N  S  A  Í  D  B  A  I  O  M  E  A
S  W  T  O  Z  K  L  D  O  A  P  A  I  D  Y
Q  Y  L  A  D  G  L  V  B  W  C  H  E  I  F
G  N  Á  T  H  Ó  G  Ú  U  U  M  E  U  L  U
V  T  N  E  W  G  H  R  A  X  Q  T  H  I  L
X  E  G  O  S  D  S  L  N  K  B  C  R  E  O
H  Y  J  B  F  P  I  S  E  A  N  N  A  S  D
```

GEANSAÍ	AON
CHORR	CEAD
FONN	TRÉIMHSE
SEILIDE	PLÚR
DHÚBAILT	CLOÍ
ALLMHAIRIÚ	PISEANNA
CHUID	UAN
PLAYFUL	GNÁTHÓG
AGALLAMH	PECK
BREATHE	IMITHE

Puzzle 26

```
E C A B Á I S T E G W J J E H
S E A N M H Á T H A I R D B A
X S R H K X B D F V B B A O E
C U P Á N Ú X Ú N H T A E R B
V W O W E T H B I É L S É D T
A J X Y S H X J M M E A W R H
L O G H J C N K F A L T C A U
N G Ó T L A I F N T R N P W I
V N M U H E J G A L L A H J S
Y C A A J S Ú Í A M V E D K C
C C R U I N N E Q Z U H Z J I
P H R I B H L É I D B T L O N
G W R I O E H T I M S I U T T
I Q V X F Í O N Q R R A H C A
```

CUPÁN	TUISMITHEOIR
IALTÓG	SLÉIBHTE
CABÁISTE	CRUINNE
BREATHNÚ	LOGH
HALLA	THUISCINT
AITHEANTAS	SEANMHÁTHAIR
PHRIBHLÉID	FÍON
RÉALTAÍ	SEACHTÚ
WARDROBE	SEANGÚN
ACHAR	DARA

Puzzle 27

```
A D A M H A C H S Y T S U D F
Z O D Z U E A U C W A L P H O
C R Y T B T B J B N G B P L F
E E L P P I U B A Í A C N O M
C S A B E A N E Z N C L P X O
Í R T R O D T P E I M M F J B
J E C L C L C O Y O B J V J A
B A U Ú L I K Q N C J Y O F L
R N L I C U I M H N E A M H L
A G A S A I N C H E A P T H A
B C L E I T H L I G H H V J Q
Ú C A T H A O I R E C C A E N
I R I A R A C H Á I N T X T P
S K B V B I A G A I R D Í N Q
```

GAIRDÍN	BUS
BALL	CEARC
DUSTY	BEAN
MONCAÍ	CUIMHNEAMH
RIARACHÁIN	SAINCHEAPTHA
LEITHLIGH	TRÍ
CAILLTEANAS	COINÍN
ADAMHACH	SREANG
CATHAOIR	SIÚL
BRABÚIS	ILDAITE

Puzzle 28

```
S É I P É A L Y T T I M D D L
B R Ó D Ú I L U N U N Z Ú O Ú
C A R I B O U I K A I C C B C
V Y Z T H H A T A H T R H H H
C V X W L H O T A Z E L A A Á
R X K C C I A L T S Q M I R I
F H C A E D I Ó G A R T S E R
Q H E A H A G Ú N A E U B A E
K H E P G Q R C R Q A H J C A
S N G A C G I N L E S J A H C
M V I E B H M Q A T T U M G H
P O L L B H T P E C R E T N I
V O L T A R A U A V H B W L E
T Ó I R X Q I S U A C H T A R
```

CEARNACH	SÉIPÉAL
TRAGÓIDEACH	UACHTAR
INITE	BRÓDÚIL
INTERCEPT	SHEACHAINT
LEAPA	HATA
TÓIR	DOBHAREACH
EAST	DÚCHAIS
GÚNA	FHEABHAS
CARIBOU	VOLTA
POLL	LÚCHÁIREACH

Puzzle 29

```
O R O U U P B Á I S T E A C H
A M H R Á N A Í O C H T Y E F
K F B J C L M L Z L G U M U Í
U X Y B M T P V O L E U C G O
S A T E I L E A S C Ó P H O R
J E I K É L R R S A G J E T A
L Q W G C Ú H N V M M L A P S
B Q M X N E G O I A C P N X C
S A W F P E I Í K I Z K N I M
T E A N G A A L X D Z N A G F
N M E V P T T C H E Z B C V X
U P I A N Ó S I H A Z T H T R
B A I N I S E Z J C W J N M Q
A S C E N D A É C H Z M F M A
```

FÍORASC	PIANÓ
UAIGNEACH	LÍONRA
AMAIDEACH	ASCEND
CHEANNACH	AMHRÁNAÍOCHT
THUG	MUG
VOLE	BÁISTEACH
TEILEASCÓP	ÚLL
STAIGHRE	SEW
CÉAD	TEANGA
CÉIM	BAINISE

Puzzle 30

```
I  B  H  T  H  C  Ú  R  D  L  B  N  I  V  B
F  O  I  R  N  E  U  G  R  Y  C  Ó  O  O  V
D  R  A  W  E  R  L  S  A  R  T  T  N  Q  M
Y  R  I  H  G  I  O  K  P  L  J  A  T  F  I
V  S  F  C  O  G  A  V  F  Ó  Y  X  A  U  A
H  J  A  B  W  S  S  H  P  U  I  M  S  N  C
T  S  P  Ú  N  Ó  G  E  S  Y  T  R  N  S  A
S  U  B  C  O  M  P  A  C  T  W  A  B  R  I
E  C  O  L  L  I  D  E  Q  L  E  F  F  A  P
I  A  D  L  W  I  I  C  S  F  E  F  I  Í
P  P  C  T  E  U  E  U  I  U  U  R  V  T  N
P  R  X  B  P  X  Y  L  J  B  Q  K  Z  H  T
A  X  H  C  A  E  S  I  Ú  H  C  M  O  R  T
H  M  A  R  C  A  Í  O  C  H  T  R  V  M  S
```

HAPPIEST	TRAS
BOILG	IONTAS
OIGHIR	CAIPÍN
SPÚNÓG	SUBCOMPACT
FOIRNE	DRÚCHT
ROB	SLISEANNA
CUSPÓIR	NÓTA
COLLIDE	SRAITH
DRAWER	SAOL
MARCAÍOCHT	TROMCHÚISEACH

Puzzle 31

```
S  C  R  O  B  A  R  N  A  C  H  O  Q  N  N
A  C  D  P  E  A  R  S  A  N  T  A  N  I  S
H  W  E  D  H  G  A  R  D  N  K  A  K  A  V
G  P  A  U  W  R  I  Q  O  X  N  C  O  C  H
A  Y  S  I  X  U  E  N  D  O  Y  K  O  S  G
S  N  C  N  L  N  L  L  I  Ú  D  A  C  A  I
V  Q  E  E  B  E  Í  H  A  A  B  B  S  T  A
L  I  M  M  H  N  M  T  H  S  N  O  Ú  T  L
O  U  J  I  O  O  R  A  M  U  Q  R  H  L  H
U  P  T  T  C  N  O  D  A  I  U  C  T  M  G
F  A  I  R  E  T  E  R  N  M  O  A  Ó  O  A
F  L  I  P  P  E  R  T  T  A  L  W  N  Q  E
G  Y  U  L  U  C  R  J  R  G  Z  J  H  Q  T
E  E  T  S  A  P  H  T  O  O  T  C  G  V  F
```

FAIRE

SUIM

MÍLE

GHNÓTHÚ

NAMHAID

PEARSANTA

SAGHAS

TOOTHPASTE

GAR

DEASC

COMHIONANN

ASCAIN

ANEMONE

TRAOCHTA

FLIPPER

DATH

DUINE

TEAGHLAIGH

ACADÚIL

SCROBARNACH

Puzzle 32

```
D L E I G H E A S S N A S T A
O G N Í O M H A I R E G O B R
B F E I D H M I Ú C H Á I N B
H C A U R C C R E A T L A C H
A L O Í A H M A R D I U Q S C
R D F U Y V M M F F A D H B T
C O G D C G D Á R F L M B T R
H C V S H A R K A V Á S K R L
Ú W A Q H O K L C S T J S I E
F D D O I U Y D S Z Á X B A A
K F S S I I I N P O C H C L G
E Y Q H W N T G B S S K R A T
C N Y W C H W W H L W C U C H
P H R A I T I C I Ú I L A H A
```

LEIGHEAS
SCARF
PHRAITICIÚIL
DRAMHAÍOLA
GNÍOMHAIRE
CRUACH
TRIALACH
DOBHARCHÚ
SCÁTÁLA
SHUIGH

FEIDHMIÚCHÁIN
GOB
CREATLACH
SQUID
CRUA
CAOIN
LEAGTHA
SNASTA
SIORÁF
FADHB

Puzzle 33

```
T  A  S  A  D  G  S  W  W  Z  R  C  G  G  C
M  Z  N  C  X  V  M  Z  R  D  R  O  L  N  H
E  N  I  N  I  P  H  E  U  X  F  M  U  Í  E
M  J  E  F  O  A  S  G  A  D  E  H  A  O  A
R  R  G  Y  I  Y  R  U  G  N  I  Á  I  M  P
D  E  I  L  F  O  N  B  X  N  D  B  S  H  A
P  A  U  X  W  W  M  V  E  A  H  H  R  A  D
I  V  H  P  J  B  K  P  R  L  M  A  O  C  H
O  K  C  F  I  Á  I  N  A  C  Í  R  T  H  M
C  T  Á  S  T  Á  L  A  D  R  O  O  H  N  Ú
I  R  R  I  T  A  B  L  Y  A  C  E  A  T  I
U  L  L  M  H  Ú  Z  M  U  H  H  J  R  M  N
T  H  A  R  C  H  U  R  T  M  T  Y  G  Y  T
M  E  D  I  C  I  N  E  U  A  A  E  U  A  E
```

SCIAR	MEDICINE
MÚINTE	TÁSTÁLA
GLUAISROTHAR	IRRITABLY
AMHARCLANN	DEILF
ULLMHÚ	FEIDHMÍOCHTA
CHEAPADH	THARCHUR
FIÁIN	CHUIGE
GNÍOMHACH	COMHÁBHAR
GUR	PIOC
ANNOY	IOMPAR

Puzzle 34

```
S S L N E D L A G Z P D A I M
D C C E H T I A N Ú S A E M E
I S A A I B Y P U I S P U D I
K A N N M C D O I R T E A L R
E E N A R A T G U O B G V Z I
C M F E O A L R F K B P E D C
N R I G I D I L E S A E W I E
A I A I N A O T A A J E A Ú Á
O O C É G L A L H C C P S L N
I T L R N A I J J E H H V T A
L T Ó O E G D Í R I Ú U A A C
O O I F T I R I M F É I N C H
C S R D C J J R X Q L F T H T
H T D Y U V N O F E O O F U J
```

FORÉIGEAN
MEIRICEÁNACH
TIRIM
WEASEL
SCAMALLACH
INGNE
KIDS
MEASÚNAITHE
TOIRMEASC
TOST

NAOI
DIÚLTACH
LAG
DÍRIÚ
LOCH
FIACLÓIR
FÉIN
LEICTREACHA
DOIRTEAL
SCANRAITHE

Puzzle 35

```
S M S W C L U M A L J R M H C
O C X Z F A X E B K A L T V O
H W Á Z X C B X M E Q É Y U N
R I Ó T L O Í D R I A H T A T
D F H D H F B R F N T D Y B Ú
L W F P L Á F J N N É P H R I
P P U J P F N C J A A S S E R
C O M H A R T H A L R L H I T
U I M H R E O I R L M E A T E
P E A T A Í F W X A A D I H A
L A D A C S N O I T Í G N E C
S T I Ú R T H Ó I R E E I T H
T H A I R I S C I N T C Ú Y T
S A N D C A S T L E F U A R T
```

THAIRISCINT   COMHARTHA
SCÁTHÁN   SHAINIÚ
TÉANN   STIÚRTHÓIR
FUAR   TIONSCADAL
MBEADH   DÍOLTÓIR
PEATAÍ   TALLANN
FOCAL   ATHAIR
CONTÚIRTEACH   TÉARMAÍ
SLEDGE   BREITHE
SANDCASTLE   UIMHREOIR

Puzzle 36

```
L L S O M C Í A S N O I H K N
E K Q A E E L R A M A C Ú C A
A R Q Q N Á E L H C E H K H O
B L Y J I E F N T V C W X R Q
H P I C O R R I Á A Y T Z L A
A A S Q A U C O R W Y E O I S
R M Z B H P T G W T H T O A G
L E Ú X D T A A U T E G O H Ó
A L R O Q E T L I A C S O M D
N T H Z R C O M Ó R A D H A A
N K T F S U N D I A L W J S E
N E A M H S P L E Á C H A S L
J S E X C F H Ó M H A I R D J
R L C W B M O T H Ú L R V J W
```

COMÓRADH
SAMHAIL
GAOTH
LEABHARLANN
MOTHÚ
SUNDIAL
OSCAILTE
CÚCAMAR
DHAOINE
ITHE

IONSAÍ
LEÁ
SCIÁLA
FREAGRACH
CEATHRÚ
FHÓMHAIR
NEAMHSPLEÁCHAS
ERUPT
LEADÓG
ÁTHAS

Puzzle 37

```
B  S  A  L  A  N  N  N  A  V  T  Z  D  S  G
F  H  T  A  U  L  Á  W  K  M  C  I  E  U  E
Á  M  R  K  H  C  A  E  R  Í  D  V  D  N  A
S  I  C  A  S  X  C  G  Z  I  T  W  I  G  T
F  A  A  O  I  U  E  T  R  S  É  Ú  C  L  A
P  U  R  X  T  T  G  G  B  S  H  N  A  A  E
M  T  H  O  I  T  H  S  A  K  Z  L  T  S  T
M  A  X  T  G  N  D  E  H  K  E  I  E  S  W
D  W  P  A  Í  Á  A  Í  A  H  C  O  S  E  L
O  V  V  O  G  R  R  P  I  N  T  P  V  S  X
Q  P  M  P  N  A  N  X  G  B  N  A  V  V  A
A  H  R  T  H  C  O  Í  R  B  I  O  T  R  E
Ú  M  Y  R  O  L  C  J  I  X  H  M  E  A  R
A  T  H  C  H  Ó  I  R  I  Ú  C  U  X  W  U
```

SALANN
CONRADH
MEAR
IDIRGHNÍOMHÚ
BHRAITHEANN
ATHCHÓIRIÚ
LIOPA
UAIMH
DEDICATE
OIBRÍOCHT

LUATH
TROSCÁN
FÁS
VAN
SÉÚ
DÍREACH
SUNGLASSES
GEATA
SOCHAÍ
ARÁN

Puzzle 38

```
D X U R E B A S T I H X L N R
I Q S W U P Y E I O I I V D O
A T X B D N C A M B C K M E C
N D Z N E S S N P S P H F I H
A T A N X A S A E S I T K R T
G R F C S I O T A E L I P F A
G N A R N U B H L R H O E I I
N U L D H G E A L P N R A Ú N
X T H W N X Y I N E I H N R E
X F U Á B N D R H D B C N P M
J Q C T S A M H R A I D H W C
D H E I S I Ú R U G A D H N N
D L Í O D Ó I R G A I N I M H
S T R A N G E S T P A A S Z F
```

TIMPEALL	HIT
DEIRFIÚR	HOE
BUNRANG	GRANDPA
DEPRESS	TOISC
DLÍODÓIR	RUGADH
CHROITH	SCIL
DIANA	GNÁCH
TSAMHRAIDH	ROCHTAIN
SEANATHAIR	GAINIMH
DHEISIÚ	STRANGEST

Puzzle 39

```
Q U B D Q C B O L A D H R Q F
Q Q E F X I H A D T E E E O O
C G V X M P D O A Z G C N U R
J V C H F H G Y M R S E E K B
O L E B M Z Y C U H W L P I A
I N N A B O T B L S A R O Q R
S C I Á I L M M P L Z R Z T T
T D O I L A E D I E C S S T H
H A L Ú H B R A E H D V E A A
A Y G C H U M A D H I L Y G U
G O S O C R A I T H E U J Z Y
A Z Q C É A N N A Y I A P C A
N F A I G H E A N N G C W V P
N Ú S Á I D E A C H A H E R U
```

BOLADH
OPENER
ADHMAID
FORBARTHA
PLUMA
CHOMHARSA
ÚSÁIDEACHA
CÉANNA
CHUMADH
DHEARBHÚ

FAIGHEANN
TOBANN
LUACH
THAGANN
GLOINE
HAMBURGER
SCIÁIL
YES
SOCRAITHE
SCEIDEAL

Puzzle 40

```
J  L  I  R  T  I  E  P  Z  L  H  T  A  I  L
P  F  Ó  E  T  M  C  D  F  C  L  K  U  A  Y
F  F  M  M  V  R  V  S  A  U  I  N  G  P  K
F  J  S  Q  H  J  N  E  I  M  U  U  T  M  F
B  Á  D  N  O  A  C  D  A  O  N  R  A  R  U
T  M  Q  D  U  I  R  Z  Y  A  W  T  S  M  A
R  O  B  L  A  A  N  A  S  I  T  A  Q  E  I
O  Í  C  P  R  J  C  L  I  E  S  Ú  I  L  M
I  D  Ó  U  A  P  Ú  H  M  L  O  H  F  T  E
D  R  O  B  I  C  R  A  T  H  C  A  R  A  C
T  K  M  H  D  I  Ú  I  T  I  T  S  N  I  W
X  L  O  L  I  Ú  R  T  H  C  A  E  E  L  S
X  D  A  S  Ó  M  O  S  Q  U  I  T  O  S  W
I  K  X  Y  D  X  E  X  A  U  I  V  P  Q  D
```

FUAIME   EILC
DAONRA   BÁD
TRÓPAICEACH   LÓMHARA
LIATH   DÍOMÁ
TROID   PEITRIL
TRUNK   MOSQUITO
FHOLMHÚ   UBH
INSTITIÚID   NUACHT
RAIDIÓ   EACHTRÚIL
CARACHTAR   SÚIL

Puzzle 41

```
T R P D W M F H O I N S E N L
P R Á C O W A R D S A L U J C
L M A I H P Ó L S T S F H Q Y
Y S N E T R I W A A O Á C J U
L K T X I H R V X S Y L A P P
T L N C C N E Y V I M Ú E O Ó
S I N S E A R A C H T U D N G
O A O L L A M H X H D G I Y K
M T B X H A O I S H T A Ó G P
R K S E I C H E A M H X L W H
P C B A I N N E E P M X A G Y
P O S W O F M Y M T Y K S W B
K C K M H Ú I N E A D H B L L
Z R C H E E R F U L B M A Q T
```

MHÚINEADH	ÓIR
COWARD	OLLAMH
COCKTAIL	FÁLÚ
ABSALÓIDEACH	PÓG
SINSEARACH	AOIS
RÁITHE	LASMUIGH
SEICHEAMH	CHEERFUL
BAINNE	MOSTLY
PONY	TRAEIN
CITH	FHOINSE

Puzzle 42

```
S  M  D  O  R  N  Á  L  A  Í  O  C  H  T  A
C  O  I  L  Á  I  T  H  R  E  Á  N  M  X  P
U  R  U  N  L  J  H  T  I  E  L  L  A  P  Á
A  D  J  A  I  H  G  B  K  S  S  C  I  N  I
B  A  U  E  Ú  C  I  M  R  E  O  I  R  K  P
N  É  F  L  H  O  N  B  X  I  I  Y  E  N  É
B  X  V  H  T  Í  K  I  M  O  C  W  H  D  A
R  H  U  P  A  N  Y  H  H  D  C  N  K  A  R
Y  K  I  U  R  M  L  Q  C  S  K  A  L  N  B
V  F  B  X  Q  I  R  D  A  E  S  Á  W  O  W
O  C  B  G  N  Á  E  M  R  F  H  D  B  I  K
S  W  G  T  K  S  Q  Y  O  B  Y  Y  P  R  K
C  I  S  T  I  N  X  U  A  J  N  V  H  Á  S
W  U  J  A  Q  Q  U  G  C  L  G  Q  W  L  V
```

GUY
RATHÚIL
LÁRIONAD
MEÁN
PHLEAN
DORNÁLAÍOCHTA
SCUAB
CAORACH
KNIGHT
MINIC

LEITH
GABHÁLA
IMNÍOCH
RIAMH
ÉADROM
CISTIN
IMREOIR
COIMHLINT
LÁITHREÁN
PÁIPÉAR

Puzzle 43

```
U F E A R R N E Q E R O H C O
O A S H R H R K L I O E C M T
L B I H V Í E R I É P H R W H
A H P L T V I J X T Y J E L A
N Í Z R L A V I T I M Í N Í R
N D C F H M T H G Z X O Á F N
S F W M D Q H T R F Q W T I U
Y N O W O R M I G O T O O R L
X C B R A U B E A R A E I E O
B E A G N A C H C N Á B G M R
F I Y T D D J B Y N F G B A T
T I R A E X O L E A V C W N W
T H A I S P E Á I N T M Y D E
B A I N I S T Í O C H T A C M
```

BHÍ
CHORE
UAILLMHIAN
TÍRE
BHEITH
COMHAIRLE
OTHAR
ANN
BÁN
BAINISTÍOCHTA

GIOTÁN
CEOIL
FIREMAN
VITIMÍNÍ
FEARR
OLANN
WORM
PÉIRE
BEAGNACH
THAISPEÁINT

Puzzle 44

```
O  T  I  P  I  C  I  Ú  I  L  F  F  H  W  C
U  L  S  I  B  H  I  A  L  T  A  O  L  D  T
M  W  L  H  B  O  T  Ú  N  R  Y  I  O  F  Í
Y  D  Z  M  Z  P  E  A  C  E  D  R  S  N  R
P  T  T  A  H  V  P  L  G  Z  A  F  A  T  E
S  C  L  S  I  Ó  F  O  C  T  É  E  Q  B  O
P  U  B  A  L  L  R  Ó  C  S  C  I  Y  O  L
Q  J  A  E  L  N  Ú  I  L  L  I  M  D  C  A
C  T  C  S  A  S  T  B  V  M  O  A  H  C  Í
M  L  H  Q  P  N  R  O  M  C  R  S  D  Ó  O
P  N  G  A  A  J  B  U  A  M  A  C  H  R  C
G  I  Q  G  C  F  R  E  T  C  M  O  I  A  H
D  W  I  B  Í  O  S  Ú  N  H  G  Q  Q  S  T
G  G  E  O  L  A  I  S  Y  H  A  L  L  A  B
```

GIGANTIC	MILLIÚN
ROICÉAD	OLLMHÓR
CÓRAS	EOLAIS
BOTÚN	TIPICIÚIL
BÍOSÚN	PEACE
FOIRFE	CAPALL
PUBALL	BALLA
SIBHIALTA	SEASAMH
SRUTHA	SCÓR
TÍREOLAÍOCHT	AMACH

Puzzle 45

```
L  E  I  T  H  S  C  É  A  L  C  R  D  S  V
T  T  A  L  Ú  N  T  X  S  Y  O  T  W  B  I
O  N  G  B  S  U  M  B  Z  J  D  M  Y  Q  Í
G  C  R  R  A  H  P  O  G  W  L  T  R  O  A
H  C  A  G  L  H  A  K  A  J  A  X  N  T  N
C  E  P  X  V  N  I  A  J  V  T  R  L  L  A
H  F  F  B  Ú  S  B  G  S  R  A  A  L  B  T
Á  E  H  N  L  N  U  L  U  P  I  M  E  O  G
I  E  Ó  M  Á  N  M  Q  Z  R  Z  X  A  R  O
N  S  O  C  H  A  I  R  H  C  A  N  N  R  S
K  U  M  N  F  R  Í  M  T  A  V  Y  B  Ó  N
N  O  Y  P  F  O  A  L  F  S  H  L  H  G  Á
L  L  J  K  M  E  L  I  U  T  P  Y  E  A  M
H  B  S  H  N  T  T  G  J  A  D  C  G  A  H
```

LEITHSCÉAL	NÓS
GACH	BLOUSE
TEORANN	UILE
TOGHCHÁIN	LEANBH
TANAÍ	RÍOMH
TALÚN	SOCHAIR
NACH	CASTA
BORRÓGA	LYNX
NEAMHRIALTA	SNÁMH
CODLATA	FHÁLÚ

Puzzle 46

```
L M J U D H M C N Ó I N Í N C
P S J H J O Í C O B A T K L A
V C Z R M I C S A Y T A S C B
K U Ú T S O H F R T O T W U H
F Q G Z F Y Ú R R D A T B S R
B M R Y A X R L Q R T G E I A
Ú N H G O R A T D S S Z Ó Ú C
E I T I L T M Z I H D Q J I H
I Á R É P W A V Á H T A E L R
O T E A B T C B N H B U V I T
U S S L A T H C A H M U C Á S
A A E Ú G Á R H M O C Q A C Q
T C D K I S L A C H T M H A R
X F D L O I L I Ú I N T F B X
```

COYOTE	CÁILIÚ
CUMHACHTA	CASTÁIN
TASC	SLACHTMHAR
LEATH	SHÁBHÁIL
CATAGÓIR	MÍCHÚRAMACH
NÓINÍN	COMHRÁ
NÁID	FHOSTÚ
ÉALÚ	ROGHNÚ
CABHRACH	DESERT
OILIÚINT	EITILT

Puzzle 47

```
B R H L S H A R P E N E R W N
K H S L F I Ú N T A S V P N I
M G F A N G B U U T Y J I T S
T N J E C S I U O A O A E N D
S Í R D I U F P H B H I Y Y I
E O S R F D T L S B C B C O G
A M J I B I H C A N Á T S Ó N
C H D A É H C M Í Q S J C A Ó
H H É I L E A C A P T A R I L
T K Z Y V K T O G J A H A R A
A H X L R X L L A C J Y G E C
I C Z P E L A L R S T Q A A H
N S Q F L S É R V K E J E C T
R Y R X E D R Q W L P H N H I
```

TEICNÍC	AIRDEALL
BATA	SHOUT
RÉALTACHT	GNÓLACHT
GNÍOMH	SIN
ABHAINN	TSEACHTAIN
UISCE	CHÉAD
ÓSTÁN	BHFEIDHM
ACH	AIREACH
SHARPENER	EAGAR
HÉILEACAPTAR	FIÚNTAS

Puzzle 48

```
Q I G T H C A L L A E P M I T
H M Z G E R Ú D M E A S C Á N
D M R V Z Ú O I R I Ú N A C H
R T C O I B M S P Ú I N S E G
B N L C L A E N N I O C M T Ú
G N Í O M H A Í O C H T A I D
R I G É A R C H É I M E F P U
J U U V Y V H S J X J K T U C
T R N T V V C M G I Y O A L K
H C A E H T I A S N O I M R L
C S Y S D N Ú T V N Q W P L I
O J E Q J C I M Á I S T I R N
E P T J R G N R E A L I Z E G
T U O S H D A E R I U C I P G
```

ISTIGH
OIRIÚNACH
IONSAITHEACH
GÉARCHÉIME
SPÚINSE
REALIZE
CUIREADH
TIMPEALLACHT
MÁISTIR
COINNEAL

MEASCÁN
GNÍOMHAÍOCHTA
FIÚ
CIÚIN
DUCKLING
DÚR
MAM
TEOCHT
CRUINN
CRÚB

Puzzle 49

```
S  Z  U  M  D  L  S  N  O  Í  R  N  A  B  F
C  P  L  I  A  D  N  A  H  M  O  D  I  M  H
H  U  E  L  G  G  I  W  O  X  L  Y  S  A  É
I  D  L  I  D  V  C  L  E  I  D  X  T  R  A
O  X  K  S  S  V  N  U  S  Y  R  N  R  C  D
N  N  N  X  D  I  N  E  A  R  A  E  I  Ó  F
T  A  I  G  F  E  A  Q  A  R  G  O  Ú  I  A
A  T  R  J  Z  C  E  L  Q  U  D  U  I  R  Í
Í  H  W  L  P  K  P  X  T  H  C  A  E  M  I
O  A  I  R  R  O  I  G  K  A  G  P  C  J  O
N  I  U  R  G  K  E  S  Á  S  T  A  T  H  I
N  R  K  V  H  G  H  M  I  A  N  T  A  P  B
Z  G  L  B  O  T  T  V  Y  W  O  M  M  B  R
T  A  I  T  H  Í  M  C  O  G  G  I  Q  N  E
```

SPEISIALTA
IMEACHT
WRINKLE
MIANTA
CHIONTAÍONN
TAITHÍ
MARCÓIR
WIGGLE
GIORRIA
OIBRE

FHÉADFAÍ
HURRY
DOMHANDA
SAOIRE
SÁSTA
AISTRIÚ
THEIPEANN
NATHAIR
BANRÍON
CUARDACH

Puzzle 50

```
P W C F M I D X T C L V F U R
N P P O C S O A L H B B F A E
Á Z F N Á D Ú R D U C H É P T
L E A T H A D H O A K F N O H
H M S B D C Y I N L Y V U I G
S S M U O F A E N A A P W S U
Ú H H E M R I E F E I D N D A
D H D Q L B N T M F D E Q O D
C O I T I A N T A R T K G L M
K Q E I M O T U H T I R F L P
V Q H B U D B N I Z J E K N M
I S F A U Z U M B L F J T H S
E É I S T E A C H T H O I I E
D U I L L E O G A X S L V B A
```

ÉISTEACHT   MODH
DAUGHTER   FEIRME
DOLL   MITTENS
DONN   DUILLEOGA
DUBH   JERKED
CHUALA   FÉAR
DÚSHLÁN   COITIANTA
TEIRMEACH   FHEIDHM
LEATHADH   NÁDÚR
BHLAOSC   SIOPA

Puzzle 51

```
W  I  B  F  G  K  U  A  S  T  A  B  R  E  C
J  V  Y  M  E  K  S  X  H  E  K  O  C  P  A
T  G  N  W  A  L  I  F  B  L  T  G  Á  X  T
L  W  T  N  L  R  O  D  R  O  D  A  I  P  H
I  C  H  N  L  I  N  Z  C  I  U  D  R  O  R
Ú  L  C  S  T  A  N  I  Q  V  C  H  E  C  A
T  I  O  A  A  L  A  J  S  W  V  P  A  L  C
A  U  Í  K  N  T  C  C  Ú  R  A  M  M  G  H
M  F  R  O  A  A  H  K  O  B  E  F  H  Q  A
Á  R  F  C  S  I  D  L  F  L  R  G  Á  Z  M
R  A  I  B  A  S  U  T  L  N  I  D  N  U  S
D  I  D  S  U  Í  C  A  I  R  É  A  D  T  Y
R  G  V  I  C  X  B  G  C  R  I  D  I  Á  L
C  Ú  I  S  I  G  H  S  L  P  Y  E  N  L  T
```

LAWN	CAIRÉAD
VIOLET	ÁIREAMHÁN
GEALLTANAS	CATHRACH
DRÁMATÚIL	CAMEL
CÚRAM	CÚISIGH
LÁIDIR	SIONNACH
UASTA	RIALTAIS
MUDDY	DIFRÍOCHT
CUAS	TURCAÍ
BOGADH	IAR-FUIL

Puzzle 52

```
L E I S C I Ú I L K E P W D Y
Q N X K R G S S W J I O N V A
T I Q O Y U N G N I G I N M Q
Y O I U Z O W X A O D N C T O
S A Y R W Z H X R U F T K Y R
B M P M K V D T B G É L P A C
F I A B H R A S U G A E M M H
M N O K J Í E Q N L L S Y A L
A J S U T K L D Ú H A S L L I
R J L E T A I L S H E G K O S
F T A H F X O W A Z W L H Í T
A R H Y H C A L C R O I C D E
C O U P O N C O H C A L A S Ú
H C A R N O S C D O D G E R S
```

LAGHDÚ
SALACH
SNOWMAN
DÍOLAMA
EALA
SONRACH
CHLISTE
CDODGERS
SOAPY
FIABHRAS

SCAOILEADH
CIORCLACH
MAOINE
GORTAÍTEAR
AGUS
LEISCIÚIL
MARFACH
PLÉ
BUNÚSACH
POINTLESS

Puzzle 53

```
D C F S Y S G T N F H I K W M
L N N A N A L E B M J B D A T
Í Ó Í X U S Ú I V H B E I B H
T C T N J R I D P Y E T Z N A
H U N I I Á N E M L H H H Ú B
I I I Ó Z U E A B I O D P T H
Ú M A L V H M L Ú R H Á J R A
I H T A W C S N E A C H T A I
L N S N R U A V L R A T Z E R
F E B A T I B Y W R T Á O G T
F X U I S L Z H B O N C A I B
C X S L U F O P T I O S Z O F
B Y I Í T V A K C P I M J H B
J V B S I A L T K U P M Z C X
```

ÁRSA	SNEACHTA
FLIUCH	BLEED
ANAILÍS	MUINÍN
SUBSTAINTÍ	LÓIN
MAITHIÚNAIS	DLÍTHIÚIL
THABHAIRT	SCÁTH-ÁDH
TEIDEAL	CUIMHNE
PIORRA	IONTACH
ANANN	GLÚINE
CNÓ	CHOIGEARTÚ

Puzzle 54

```
T T I B Y E H S D R P H U H A
Q S T A A M I A R E H Z L C T
K T C H Z L I O E F T T O A Á
Q A Z T D P E R U S A E R T T
P I K R B O T Á A P R C B H E
S D Z U E P L N R H H S B C A
H É T H P W I A W G B I C A C
A I T C C F Á C O I S A F H H
K R W R N J F H N A T D G B T
E R I A U H G A J L N A R Á I
H K O I H A E B Z L I X U T T
B E Y M D G C N Y A É R U N F
B U A C H A I L L E P C R U T
O U X I N I O M P A R T H A S
```

SHAKE
INIOMPARTHA
GEAN
AISCE
BHRATH
BUACHAILL
TAUNT
SAORÁNACH
GABHAR
IARCHURTHA

TÁBHACHTACH
PÉINT
TREASURE
HUAIRE
SIOC
EALLAIGH
STAIDÉIR
FÁILTE
FEOIL
ATÁTEACHT

Puzzle 55

```
C R O G A L L Y T N Í H M L F
H X H C A N Ú L L A G A S A H
G H U A L A I N N I R T M D L
F H Í R I N N E H N N S U Y A
D K X I R A M T H I U Ó I B I
P H R Ú I G I F C Á J C L I T
L X R Z Á A A S L R H G E R H
I Q L I H X V A A O R D A D I
S R K T T Q Y E M I I Y N Z Ú
R G O R R M E P J B B M N K L
I C G O A J O X O X J H R Z A
E S W G E R A T S G I Q R H C
P Ó S A D H B A I L E K G E H
U A T H O I B R Í O C H E I T
```

GHUALAINN	GALLÚNACH
PÓSADH	MUILEANN
SAIBHRE	UATHOIBRÍOCH
BIORÁIN	CHOMPORD
COTHAITHIGH	BAILE
FHÍRINNE	STARE
MHÍN	GCÓSTA
LADYBIRD	FIGIÚR
PEIRSIL	CROGALL
FHLAITHIÚLACHT	DEARTHÁIR

Puzzle 56

```
B V H D A E R I E D Y G H D A
A W E H D R O E B Q K C E M E
G Z H É E N I É L F A E E T L
A E N A E R N G E N H L S K L
I M A N U L N X A A S I I B I
R O P A R I T E R T Á E A T U
T F E M V Ú R H N N I H N K B
B W C H K I P E O E I P A M F
C Ú I G E C E I G O S S I A F
R W Q H Z I P C G I A I F C P
Q M D Z M S N O N E T C S F C
D L Ú T H I B I F Q S R Ó N J
V D O K Q F D R A P O I L E T
S P S A E N N I U R C J K C Q
```

BAGAIRT
TIGER
CRUINNEAS
SRÓN
SPIONÁISTE
SHAKY
COSTAS
LIOPARD
LÉINE
DHÉANAMH

FISICIÚIL
BUILLE
NONE
DEIREADH
CÚIG
CISPHEILE
ROINNT
FIANAISE
DHEIREANACH
DLÚTH

Puzzle 57

```
I  J  O  R  O  Q  E  T  S  I  L  C  O  V  T
N  B  J  S  V  D  W  S  G  S  E  X  S  I  U
M  B  N  N  R  R  A  E  G  A  H  S  E  O  M
H  R  A  I  G  C  O  L  Ú  N  L  I  P  Z  A
E  H  A  E  Q  R  S  A  N  C  P  L  X  S  D
Á  C  L  É  Y  W  S  S  R  O  Ó  Í  O  Q  Ó
N  U  Á  J  G  A  A  A  P  I  I  D  C  P  I
A  L  T  F  D  C  L  A  X  N  L  J  O  Y  R
C  C  H  S  I  L  G  N  E  N  Í  Y  N  O  E
H  V  C  T  O  R  A  N  N  Í  N  A  D  R  A
C  U  Á  C  J  D  N  B  O  O  Í  R  O  L  C
S  E  R  I  A  P  M  O  I  L  X  D  R  T  H
W  N  T  G  I  H  L  I  K  L  E  E  R  R  T
C  H  O  M  H  A  I  R  E  A  M  H  Q  W  F
```

PÓILÍNÍ   CAIRDE
ENGLISH   COINNÍOLL
CHOMHAIREAMH   TUMADÓIREACHT
GÉAR   LASSO
TRÁCHTÁLA   CONDOR
TORANN   ASAL
GALLOP   LUCH
INMHEÁNACH   GEARR
CLISTE   GCOLÚN
DÍLIS   IOMPAIR

Puzzle 58

```
G  W  X  A  C  H  O  I  M  R  I  G  H  W  J
Z  L  P  L  É  A  S  C  T  H  A  N  V  C  B
U  Á  E  H  H  E  E  H  B  C  R  U  T  H  R
N  E  I  O  N  B  Z  M  Q  R  A  U  N  X  O
Q  N  O  L  I  F  G  U  L  E  R  D  I  Y  N
G  I  B  X  D  T  W  N  J  L  A  H  A  X  N
T  C  I  H  M  A  E  N  A  U  E  X  H  L  T
E  U  M  U  K  P  I  B  T  R  D  Z  B  E  A
A  F  R  G  C  A  H  C  A  N  Á  F  I  A  N
R  I  G  R  G  R  Y  S  K  B  P  W  Z  T  A
R  N  V  D  A  T  R  I  O  M  A  C  H  H  I
A  G  A  F  D  I  A  H  T  Á  N  S  B  N  S
C  E  Z  Q  F  R  N  N  I  A  L  Á  N  Ú  P
H  R  F  S  J  D  T  G  O  H  E  G  D  E  H
```

BRONNTANAIS
TURRAING
FÁNACHA
FINGER
PLÉASCTHA
ÁLAINN
NEAMH
SNÁTHAID
BHAINT
GLEOITE

HUG
URLABHRA
DEARA
TRIOMACH
CRUTH
LEATHNÚ
CINEÁL
EARRACH
HEDGEHOG
ACHOIMRIGH

Puzzle 59

```
O  N  S  C  O  T  H  R  O  M  K  G  A  U  C
J  F  D  C  Y  V  S  A  Q  Z  J  L  O  A  C
C  E  L  H  R  I  S  M  I  A  D  G  N  P  U
Q  Q  Z  N  E  Í  N  T  E  B  Z  S  A  Y  V
S  T  O  Á  H  M  O  Í  S  L  S  Z  I  D  S
U  Q  T  E  D  D  Y  B  N  W  O  G  R  T  N
D  É  A  N  A  C  H  N  H  P  K  N  O  P  Á
Z  H  X  Q  P  Ú  I  T  I  Á  D  C  C  W  D
B  C  Q  F  Q  T  R  B  X  A  Á  O  S  K  Ú
T  H  C  O  Í  A  M  O  I  L  K  X  L  O  R
S  E  L  E  A  B  H  R  A  G  Á  N  E  N  T
Q  A  A  C  C  O  M  P  L  I  S  H  D  Q  H
E  N  N  I  Á  F  P  O  U  R  E  D  W  A  A
D  A  T  R  Á  C  H  T  A  I  R  E  Y  X  Y
```

IOMAÍOCHT
AONAIR
POURED
CHEANA
TEDDY
ÁITIÚ
SCRÍOBH
COTHROM
TINN
TRÁCHTAIRE

NÁDÚRTHA
CAOL
LEABHRAGÁN
DÉANACH
AIMSIR
ACCOMPLISH
ÍOMHÁ
STOCÁLA
FÁINNE
SLED

Puzzle 60

```
Q T O O H S I A D L R J W M R
S H D I E B W P E E I D C P Y
B C W L A T J N N I A R O E T
I A E H K R T F M T L S P T E
X E R Í R I Á D N H A T D E A
I R I Í U S F Y N E I U Z I L
I I S Q D Y T W A A T I V L A
F A M Y I Z O T N D H F N I Í
N C I Z J H B F A Á E V Y F O
K Ó A Y P Q A C É U T T H Í N
Z C F C G I T M H G W R O S T
D J B S F M Y B D X T A O E Ó
D S E K G E I L Í N E D V P I
Á I T I Ú I L I Á G Ó H T S R
```

STUIF	BEIDH
NDÁIRÍRE	IAD
ÁITIÚIL	LÍNE
PORTÁN	TEILIFÍSE
RIALAITHE	CÓCAIREACHT
BAR	SUÍ
TEORAINN	RÍS
DHÉANANN	THÓGÁIL
SHOOT	AIMSIRE
EALAÍONTÓIR	LEITHEAD

Puzzle 61

```
I  F  E  P  A  M  I  S  K  A  W  F  Q  N  U
O  J  A  H  V  H  F  N  N  M  O  H  L  Í  V
M  H  G  L  R  Ó  J  S  V  A  D  E  E  L  D
P  D  R  O  B  R  O  I  O  E  R  U  H  I  D
R  I  A  F  M  Á  Q  J  O  L  S  Z  T  A  N
Ó  Y  Í  S  T  Q  T  N  V  G  W  T  I  C  Á
I  J  O  S  W  E  D  E  A  N  I  V  L  O  H
D  V  C  D  A  L  L  Ó  G  A  D  E  I  R  C
H  H  H  D  A  H  B  O  L  D  A  Y  Á  B  Ú
Y  Q  T  Z  K  X  R  C  B  G  E  G  H  S  I
M  S  W  I  L  L  A  M  A  C  S  A  C  Y  L
X  W  W  V  A  L  E  N  T  I  N  E  N  I  I
S  C  R  Í  B  H  N  E  O  I  R  Z  I  Q  A
L  E  I  G  H  I  S  M  E  R  R  Y  C  M  B
```

VALENTINE	LEIGHIS
SCAMALL	INVEST
MHÓR	IOMPRÓIDH
SWEDE	DANGLE
BORD	INCHÁILITHE
BROCAILÍ	MERRY
BAILIÚCHÁN	LOBHADH
TÁBLA	SCRÍBHNEOIR
EAGRAÍOCHT	DALLÓG
CRIED	LEAGAN

Puzzle 62

```
G N U Z A Z R B Y Z E P N C S
H M X N A U R U X W J J A O C
I L S Z B A A A E C X F P M U
C G T M N T B F É I M D R H I
X Z L O O R O Q A N O B Ú R D
R L N Í T R I Á P F I X N A E
C A S Ú R E P I Í H B Ó G I A
T E A C H T R A E H C Í M C C
B L Ó T S Y L P I N G I N Q H
U I X H K O P B S K O Z G S T
M É K S E L K X W E B H Í K A
Z B D R É I M I R E Q H A G T
P B Í L C I H T I E F W H E N
D Í O S P Ó I R E A C H T H N
```

FHÍS   NAPRÚN
TEACH   BHÍ
STÓL   BOG
PÁIRTÍ   BÉILE
PINGIN   PIOBAR
MÍCHEART   FEITHICLÍ
DÍOSPÓIREACHT   COMHRAIC
BUAF   CUIDEACHTA
EOLAÍ   MÓINÉAR
DRÉIMIRE   CASÚR

Puzzle 63

```
G H R I A N L B P J N M Y C C
A O T H C A E T H C A S A I I
P S M R G C L O C H E R F H O
C O P K Í E S H Í L B E O T N
R Y S E A Ú A L G E I I E T T
O L Q T T S S R S N S L Q E A
R W M Z S N L A G T X I H I C
K M F N O O X T M A Y G X S H
B U E H F I Z V L B H I F C N
P C C A I R D I Ú I L Ú Y E Z
T S C O I R F I D H R N P A M
M H O L A D H Y N B U A G C X
K Á F A C H N Z T D Q C V H V
P H I O N Ó S Ú Z S V H R T J
```

BEAN	MUC
FOSTAÍ	GHRIAN
CIONTACH	IONSÚ
SCOIRFIDH	MHOLADH
REILIGIÚNACH	TEACHT
ÁFACH	IASACHT
CAIRDIÚIL	CLOCH
TRÍÚ	SHÍL
GEARGA	PHIONÓSÚ
POST	EISCEACHT

Puzzle 64

```
Y P M X V C Y U J F N T A C C
M H O N A R Ú D X E M H T A L
R L I A N I C Z V Í C G H D I
I Y E H E K B H S A A N C Á P
O H M A E H T I E R B Á O S S
T L S P V H E T I Á C T Í I G
S N Q I T Q R H R N A H L H H
G R Á J O I Y C E A I U I T O
D E O K Ú S Q A T C T P Á I S
A N J T X T Ú R S T E C C F T
Z U N O S N X R Y C O S O H N
J O U X X V S A M Q W R R B Q
C P I V Q K T I R B E A C Á N
C O L Á I S T E O J T Q N W C
```

IARRACHT
MYSTERIES
CANÁRAÍ
CÁILÍOCHTA
COLÁISTE
BHFITHIS
BEACÁN
BIA
CONTÚIRTEACHA
GHOST

COS
GRÁ
CLIPS
CAITE
CADÁS
STOIRM
BREITHEAMH
GNÁTH
MHONARÚ
SIOSÚR

Puzzle 65

```
B  S  S  C  A  É  N  N  I  E  L  K  A  N  E
H  T  U  E  T  L  I  A  G  N  A  E  C  A  V
L  K  L  L  A  B  W  O  N  S  R  E  Y  Z  H
M  O  O  S  E  C  I  N  F  P  H  U  M  T  C
U  Y  G  N  H  V  H  A  X  M  B  X  A  B  A
T  A  M  A  I  L  L  T  I  E  O  R  I  F  E
W  T  A  C  S  A  Í  O  R  Q  C  L  H  I  G
T  N  M  P  A  F  R  R  T  A  T  I  N  M  I
C  L  U  I  C  H  E  I  S  A  C  Á  N  Í  F
S  U  I  P  É  A  R  R  I  Y  N  H  L  O  I
C  O  M  P  A  N  I  O  N  Y  I  M  A  N  O
R  R  M  T  Z  W  M  T  I  X  T  D  Z  N  X
J  M  E  A  B  H  R  A  C  H  X  A  F  C  C
T  U  I  L  L  E  A  D  H  J  E  G  G  M  C
```

TACSAÍ
ADMHÁIL
MOOSE
TAMAILL
SEACHTRACHA
EXTINCT
COMPANION
RATH
SNOWBALL
OIFIGEACH

INIS
CLUICHE
FIR
INNÉACS
CEANGAILTE
ROIMHE
SUIPÉAR
TUILLEADH
MEABHRACH
IMÍONN

Puzzle 66

```
B T K C I R T N E T Z P V Y F
Á M O N N L N T R A E N N P I
C W C I A A L A B S U O X D R
Á U L A F I G H P B H G B I X
I P X B O S L T P L A N D A Í
L B P A B T O O T J H C N Y B
Q M C H S A D R I Ú T H C O D
Y S Z A V D V T T I O N Ó L C
X B E E M N Á H C O Í U S A H
F H Y P J F H A O S I A R Z O
S S N Á M H A Í Z N C O A C R
T Z F I O N N U A R E U J R Ó
T O S A I G H Y G F Z O A C I
S P É A C L A Í C J C U Z K N
```

STAD
TRICK
FIONNUAR
TIONÓL
TORTHAÍ
SHEAS
BÁCÁIL
PLANDAÍ
NEART
SCAOILTE

SNÁMHA
CHORÓIN
SPÉACLAÍ
CNAG
BAINC
PEA
TOSAIGH
DOCHTÚIR
SIAR
SUÍOCHÁN

Puzzle 67

```
L X X Z Z Y Y O V Ú N D E U A
A X J Z J I O B N M Y V Y K T
B L S N V B A H C A S Ú N U B
H S P T O U C R A H D A R V J
A T Y E B O B X J C F J Q U S
I C W G Í T R I O M A I T H E
R H S R R I A C H T A N A S T
K F H B R E A K F A S T T A S
Y C C A O E M W W I S T L R I
K D U R C M E G O I S P A U Á
L I Á C S R A É L U Á D É T R
A U W P M E D V G Q C O R U O
Z C S I C H E A N N A I G H P
M U I N Í N E A C H R P U Z F
```

BREAKFAST   TURAS
RIACHTANAS   CÁS
LABHAIR   LÉARSCÁIL
KIWI   GUST
RÉALTA   CHEANNAIGH
RADHARC   RUD
TRIOMAITHE   CUID
CHRÍOCHNÚ   GLOW
MUINÍNEACH   OBEY
BUNÚSACHA   ORÁISTE

Puzzle 68

```
R N C G B D P S Z D N P M L Y
O S I Z H U N I Á E T I Ó D F
I C N O A A N R C A L Á G Ó T
M A C V I L O J I R W T N D H
H D S Q S G B S G A O U L O R
F W M R C A E O N D R R H F E
C I A L L S A P I H G G K H X
P R Ó I S E A S Y A O N Y E Y
A M H R Á N H R B T Y A T I R
C H Ó I R E Á I L A B M D C D
R I O S C A O Y X C L H T T C
R I A C H T A N A C H Ú X H H
P M B T L X I N C U S X N E K
T E A C H T A I R E A C H T M
```

DÓITEÁIN	RIOSCA
RIACHTANACH	BHAISC
BONN	AMHRÁN
CIALL	DEARADH
TAISE	TEACHTAIREACHT
DOFHEICTHE	PRÓISEAS
TÓGÁLA	DUALGAS
CAD	BALÚN
CHÓIREÁIL	TURGNAMH
ROIMH	GROWL

Puzzle 69

```
W E I G H T L P O V B K N L S
G I Y T N I S N I U B I P Y E
Q A T O Á D O U K P Á K O H R
S B H F A R G F X H C A I F D
Y H C A M A R Ú C L O D G O P
E D A V N I H O D T Ó G W Y U
G M E M F G Í R I N C E A Q D
H L N F P N P R E T T I E R Ó
A P H E A O V T U Y F Y K N C
B D T U R B O L U V Y H J K H
H L I Ú I T I A L O P A O J A
Á X U S E H C A H T Ó N G T I
I F R J K X V M M B W G I E J
L H C C H A I N N Í O C H T I
```

CÚRAMACH
GHABHÁIL
DÓCHA
CRUITHNEACHT
POLAITIÚIL
INSINT
WEIGH
GRAF
FIACH
NÍOCHÁIN

GNÓTHACH
OLC
INVADE
FÁIL
SHAMPOO
HANG
PRETTIER
TÓG
CHAINNÍOCHT
RINCE

Puzzle 70

```
C Á I N E A D H T J F O T S C
F Q A W S M L H L O R A J C É
Q R I T W Z C F Á S A C H R A
K U E V X O L É I M T N B I D
H I X A Í S L O W P R A X O C
Y W L A S V J A T U U F T S H
J Y C M L T V Q I W T G V Á O
T A I O R Á A L L S O I N N S
T F B T R I E L F Á G Á I L A
S Ó Z E C M O R N S P N S C C
G S H L A C U R I L W B I R H
X L Í O N A D H T Ó L C E Ó B
F O I R M R A B Í S C W R G R
R O T H A Í O C H T F M F A K
```

FÁSACH
FREISIN
FREASTAL
MOTEL
CÓIREÁLA
CÉADCHOSACH
ARM
FOIRM
CRÓGA
SCRIOSÁN

BÍS
LÉIM
FÁGÁIL
FÓS
CÁINEADH
TACAÍOCHT
TURTAR
LÍONADH
ROTHAÍOCHT
SLOW

Puzzle 71

```
N C P N I T R D O O N Y S Ú Y
R T U A O L T X O V I C I O T
K O H H L G H L A C A R B G A
N X H C A G A É R B I W F R R
F F K A R E M A C É O M A U R
K E P U W P Q P L C J O Q A A
M V E L I Ú S I L R C P K I I
K D J E P U O C W W G H R G N
F A C S O H L Y G E C M O E G
O T B X S D E L A H W W D H T
C H U S T A I M É I R Í F G E
S C A T A É N P R Á L R U P A
W O I U Q R V V B G C D N X C
I D T R E O R A C H A E K O H
```

BRÉAGACH
COWBOY
URLÁR
RÉAD
BRÉAG
COUPE
GHLAC
LUACHAN
CAMERA
NÉATA

SHOILÉIRIÚ
GRUAIGE
WHALE
NOUN
TREORACHA
IOLAR
CHUSTAIMÉIRÍ
SÚILE
DOCHTA
TARRAINGTEACH

Puzzle 72

```
F  C  W  E  C  L  M  D  H  S  H  Q  A  S  D
E  O  M  W  L  Í  R  B  I  O  I  U  I  N  Z
Q  Z  U  A  O  O  Ú  U  O  L  A  A  N  Á  P
Y  L  I  N  H  R  I  H  B  I  A  S  M  M  P
Q  T  E  M  T  F  T  Y  G  Á  P  P  N  H  R
S  H  A  B  E  A  C  A  H  E  H  Ó  E  P  Á
F  E  C  P  L  L  I  A  H  T  Ú  C  O  H  T
N  S  Í  R  A  Q  P  N  N  S  X  Ó  I  O  A
R  A  S  C  I  O  R  T  A  I  T  C  R  I  Í
G  M  I  B  T  M  A  H  P  O  R  B  X  N  B
V  P  O  D  A  Q  U  C  O  L  B  R  W  T  P
X  L  O  H  P  R  C  O  K  H  W  Z  J  E  X
N  A  D  X  F  F  I  B  C  C  M  L  Q  X  N
I  N  N  E  A  L  L  P  O  I  N  T  Y  J  A
```

CHLOISTEÁIL   PICTIÚR
SAIBHIR   INNEALL
SCIORTA   SAMPLA
FOUNTAIN   HACA
OIBRÍ   CUAR
PRÁTAÍ   SNÁMHPHOINTE
NEAMHORD   STIALL
POINTY   ARÍS
AINMNEOIR   BOCHT
CÓCÓ   CÚTHAIL

Puzzle 73

```
I  T  E  I  L  E  A  F  Ó  I  N  Q  L  U  C
G  N  P  J  Z  H  T  E  A  S  T  Á  I  L  Á
B  P  F  M  S  U  I  M  I  Ú  I  L  A  Y  R
C  S  M  H  C  A  L  L  A  E  T  B  B  S  T
Z  P  C  D  E  S  Z  D  O  Z  A  Y  O  P  A
A  I  R  I  L  I  Á  D  N  Z  C  G  P  Ó  T
H  O  U  A  Í  R  S  G  L  L  C  I  L  I  L
O  U  Q  N  T  U  Q  T  P  D  D  F  Z  R  A
I  J  R  S  S  V  J  Z  Í  T  R  I  O  T  D
K  W  E  R  R  K  H  X  D  O  Z  O  R  U  H
Q  H  D  K  I  N  K  J  G  M  C  Q  P  A  N
J  V  U  L  C  E  W  A  O  R  Q  H  D  Q  C
D  X  O  Z  V  E  D  Á  R  G  N  Z  T  L  X
V  M  L  C  U  A  C  H  T  A  Z  I  S  A  P
```

TEILEAFÓIN	OIFIG
STÍL	AIR
FROG	GRÁD
SUIMIÚIL	TOIRT
CÁRTA	HURRIED
CUACHTA	TEALLACH
POBAIL	NDÁIL
SNAIDHM	DALTA
INFHEISTÍOCHTA	TEASTÁIL
SPÓIRT	LOUDER

Puzzle 74

```
G B I O L A I R V D U W R É T
I H C A I T H H U G G E D I H
D M U A R A O N B Z K M C S A
W U E A E L L I Á U T T U C R
A D I L I X J É Z I G N V P L
T R W L Y S D C R A E C G N Ó
E P X B L B E I S R O S G F I
R G M Y H Í A A B I L E O G D
M W R V T H N W C A M A B X H
E I I H T T A O P H Z H Z M O
L X S Á R A D Ú L B U O A C A
O F H L F U S D N Á J Y Q E T
N M Y Z Y F G I N G E R B P G
O U A E R O T H A Í O C H T A
```

GCEARC

FUATH

ÚDARÁS

WATERMELON

TUÁILLE

ARAON

THARLÓIDH

ÉIN

ÉISC

HUGGED

BILEOG

GHUAISEACH

MAC

ÁBHAIR

ROTHAÍOCHTA

BIOLAIR

CAITH

MHÁTHAIR

DUILLÍN

GINGER

Puzzle 75

```
F O N M L U É Y A W J T B D T
E R R A I N N N I Á H M A I A
L G E Z G N J H R T C D X S N
F L C A D Y G O D H A O U T G
A Ó M T G K M F F U N D B R L
N T Y L A R J X I A A Z E A E
A H X A H W A K B S I C X C D
C A R I O E N C I E M U W T Q
H C G S I L I M H G I R I É L
T H R I L J U R P T G X X A M
M X N Ó V A A L N Y E M Y E T
E V C S W L P R A G H A S N M
G U T H A F L Ú I R S E A C H
W S O G V P R E A S Z N S S D
```

DISTRACT   FLÚIRSEACH
AMHÁIN   PREAS
GALAR   AIRD
IARR   THUAS
PRAGHAS   SÓISIALTA
MIANACH   MEICNEOIR
MILIS   GLÓTHACH
LÉIRIGH   FANACHT
GNÉ   TANGLED
GUTH   FREAGRACHT

Puzzle 76

```
S H N T P X T Q F A Í S D N E
E Í T F D A É C I A E S O U A
B L O A H T A E R X Z X R A L
V B T S H Q V N I K I T C A A
B I S N S Z O M A E P V H I Í
O O N N M S E E T C Á O A M N
A P Y S A W R D S E I I J S E
I Z B O Y N Z I E A R R C E H
M C L W W A C M A C T I E A B
O L L P H É I S T H G S A R A
F L U F F Y Y Q O T C K N T N
M Ú I N T E O I R Í S O N H G
S J X U O E J S T M D A E A Y
E A L T N A R R U C Q H A K B
```

CEACHT

MÚINTEOIRÍ

PÁIRT

FLUFFY

REATHA

IRIS

EALAÍNE

ALT

CEANN

EOCHAIR

NUA-AIMSEARTHA

SEAICÉAD

DORCHA

REO

SÍOS

OLLPHÉIST

STAIR

POIBLÍ

CURRANT

SONRAÍ

Puzzle 77

```
G  C  Á  I  T  H  N  Í  N  Í  G  Q  Q  Z  K
L  I  T  R  I  Ú  J  N  Á  E  L  T  I  E  D
R  I  A  L  Ó  I  R  O  O  N  A  L  T  M  R
S  E  A  C  H  T  U  R  P  T  O  M  B  K  T
T  N  I  A  H  C  A  É  H  F  C  A  R  S  C
B  O  S  M  B  S  I  S  T  S  H  X  N  I  O
L  G  C  R  U  E  Y  P  D  Í  I  A  K  O  M
I  A  O  A  H  I  L  U  N  O  G  A  H  N  H
A  R  O  É  Y  C  R  N  G  C  A  G  W  T  D
I  D  T  T  J  E  E  Z  R  H  E  S  W  A  H
N  J  E  O  Y  Á  D  B  Q  Á  E  N  L  O  Á
H  D  R  Q  O  I  N  I  H  N  R  I  M  F  I
J  Y  K  F  A  L  E  L  Z  T  Q  F  M  A  L
T  E  R  R  O  R  T  T  C  A  S  F  F  F  A
```

GCÁITHNÍNÍ   GUYS
EITLEÁN   RIALÓIR
SNIFF   BLIAIN
TENDERLY   SCOOTER
TERROR   DRAGON
SÍOCHÁNTA   IONTAOFA
SRACFHÉACHAINT   LITRIÚ
GLAOCH   SEACHT
GAN   COMHDHÁIL
TÉARMA   SEICEÁIL

Puzzle 78

```
S  Á  B  H  Á  I  L  T  E  S  R  I  O  A  S
A  S  L  E  E  P  Y  H  F  W  I  H  S  H  P
U  W  C  X  N  N  W  C  G  K  O  Y  L  D  H
L  A  W  K  Z  M  R  A  N  A  E  S  C  I  F
Z  T  H  C  O  N  A  E  I  S  N  U  X  R  Z
H  B  I  V  F  I  P  F  W  F  S  C  T  H  Z
G  L  X  Á  O  Á  O  I  S  Y  I  A  P  M  M
I  I  N  I  D  B  M  É  J  Z  U  P  Z  I  P
A  A  M  A  C  Á  R  L  E  L  C  Z  I  E  E
T  R  U  Q  W  C  U  T  L  O  Z  T  A  H  N
A  E  R  Á  I  D  E  L  W  S  U  C  W  G  C
E  U  N  D  L  L  I  D  I  B  I  A  H  C  A
D  K  R  K  P  F  C  F  E  G  F  Q  T  W  S
U  M  J  D  R  A  B  H  A  I  D  H  Y  R  E
```

PENCASE   AERÁIDE
SAOIRSE   ANOCHT
SWING   FICSEAN
GHEIMHRIDH   ÉIFEACHT
DEATAIGH   WRAP
ÁIT   LUAS
SLEEPY   CÁBÁIN
FILL   SÁBHÁILTE
RABHAIDH   CUISNEOIR
TUBE   CHAIBIDIL

Puzzle 79

```
Z E E R A O N Ú Á I T Í O N N
O L Y R A T N E M I L P M O C
E J N I X H B H C A E L I A S
Z P Á F M D D C E S H I N E B
K P D O S A N A T N N O R B G
Y B A V C C S R M Ó R G E A V
U H M R R Ó E O C A I L L T E
C D A Z P P O N A S T O C A Í
D E L C F Y L O C I Q L A S S
D D Ú O N F A P B I R U Z X L
Z Q S G E Y D T N E M G A R F
A O G Q K S H E Y M V N I A F
B É A L O I D E A S C K Y D O
N G É X L I M I S T É A R G S
```

BÉALOIDEAS
ÁITÍONN
STOCAÍ
BRONNTANAS
COMPLIMENTARY
RAON
AMADÁN
LIMISTÉAR
SHINE
CAILLTE

FRAGMENT
PÓCA
CHAOMHNÚ
SEOLADH
ÉAGSÚLA
SAILEACH
AIRGID
MÓR
ONORACH
DEARCADH

Puzzle 80

```
C  B  G  I  H  H  B  M  S  C  E  Y  C  M  Z
O  R  A  A  D  I  L  L  C  T  T  U  J  I  Í
M  Í  É  N  I  D  O  V  S  E  B  L  W  S  A
P  O  B  I  A  E  C  Í  L  E  L  M  C  E  G
A  M  T  E  F  N  C  D  X  T  G  H  O  A  U
S  H  L  X  N  M  A  R  S  S  O  K  Y  N  R
S  A  A  M  I  N  O  A  L  I  Ú  H  C  Ó  D
I  I  M  Q  A  E  K  K  M  R  B  G  S  Z  O
O  R  H  J  H  D  I  E  V  H  Q  T  A  B  W
N  E  I  Q  B  T  Á  Y  W  B  T  N  E  F  S
O  N  A  D  Z  D  K  I  W  R  J  J  M  Q  N
U  S  S  Y  K  E  C  R  A  I  C  E  A  N  N
M  E  U  C  Ó  I  S  T  E  D  C  O  S  A  T
P  L  Á  T  A  Y  T  V  D  I  K  V  T  F  B
```

MISEAN	CÍSTE
BEAG	DÓCHÚIL
IDIRBHRISTE	COMPASSION
BLOC	COSA
CÓISTE	PLÁTA
BHAINFAIDH	RÍOMHAIRE
CHOIMEÁD	MHIAS
MEASC	HIDE
DRUGAÍ	BANANA
DRAKE	CRAICEANN

Puzzle 81

```
E X P E D I T I O N L S Y S S
D C R A I N N O R I N I E F K
E C A I N É A L Ú T T A A O A
I E Q J M N P R I N V U R L T
C O P A Z R O L R N J L H C I
H K G E N Í K Y T A B G H R N
W U J T F E M T I E Y F E O G
G M J V K F R L L M M H T E
R O M Z B D H W U L M A E H M
O N R I M O I B R I Ú S A A T
D F I M O E C P S A G C G R U
C S A T A R R A I H G C L V N
C T U N Y T Z M Z C B N A B Y
Q J F T H A R L A Í O N N U X
```

FUAIR
MASC
GLUAIS
SKATING
CAINÉAL
ROTHAR
CRAINN
FÍORÚIL
CHAILLEANN
CRANN

TREO
GORM
IMOIBRIÚ
EXPEDITION
DEICH
LITRIÚ
IARRATAS
THARLAÍONN
EAGLA
NUTMEG

Puzzle 82

```
C I N N T E T R X D A W Z V E
C B V G E P I X D E T V C Y N
W N Q R A H B R A A H W R L S
I B L K Q D B U S R R W R F H
A H P E S A Y P S F Ó W G J N
R R U S H E U A O A G I E X I
A G H L O N G Y R C B D T R Á
N P L F T N P A T H G B S B C
N E I I N I D C M Q R E I F R
J T R Z Ú C S V E N M U R V A
X Q K M Z R D U N U N J B M E
V F W K E A S A T H C A E F D
O R L A C H D Ú B A I L T E G
D B F O L C T H A E A R R A Í
```

ARBHAR
RUSH
ORLACH
ASSORTMENT
DEARFACH
EARRAÍ
ATHRÓG
BRISTE
DÚBAILTE
GLIÚ

CINNEADH
FEACHTAS
PUNT
IARANN
CINNTE
TRÁ
LONG
DEARCÁIN
PIZZA
FOLCTHA

Puzzle 83

```
C A I L Í N D D K G C O G X I
D D E X B E L S P N D T F G L
V A L W U D Í S E A D E E L Q
D F A Y D W I H E R W Z O I D
W N C V P É V H K B T H I A R
O T R Z N C C I T A É J T C B
Q H O S O I H F K J H A U A R
E C I A O F Y X C Z F G L I I
W A C R T R Á T H N Ó N A F S
F E D A C H O T H Ú C E L X E
S R C A T H A O I R E A C H A
K H V A L B Á N D E A R G F D
L T E B V X C O B H E A D H H
J I I M S C R Ú D Ú G X N R T
```

BÉAL   BRISEADH
DROICHEAD   CIORCAL
TRÁTHNÓNA   BHEADH
FIACAIL   IMSCRÚDÚ
FAISNÉIS   DEN
CHOTHÚ   DLÍ
FHIOS   THIAR
CATHAOIREACH   CAILÍN
RANG   FADA
ITHREACH   BÁNDEARG

Puzzle 84

```
Z R Q B I E Y L U B L Á T H C
H B Q T L X B B R Ú G E L P Í
Q K L I Á D Á R T D L H A Í O
H D A E R I U H C D E A T O S
I G T B X U V T A X L O O S N
A T H R S K H R F J I B O A A
R F C O F N C P E H O T T S E
C C A C L D R W Z I C F H G S
H G E Z A A Y L Y C S W B U I
É K R K E S M C W U N L R G K
I V I V G A Y P B F U W U L O
M I O U N Q E X A X B F S A O
E M C E I F E A B H A S H S H
G X C D A C E A N N A S A C H
```

TRÁDÁIL   BRÚ
COIREACHTA   CÍOS
GAILE   CHUIREADH
BUNSCOILE   LAMPA
BROC   PÍOSA
CEANNASACH   TAE
GLAS   IARCHÉIME
CRADLE   FEABHAS
BLÁTH   SEANS
AINGEAL   TOOTHBRUSH

Puzzle 85

```
T H C A E R I A T H C Á R T Y
E Z K T A C D L I W N U G I R
I U Z S N Q N M I L S E Á I N
C N J Ó Á U Z S O W T D L F G
N W G P T L A C S N O I T I I
E Y Q R H I M P G S R Á F R E
O F O R C O D Y G X A R Y E R
L D E N A C N Y D J D S V F B
A S F S U S A H D K H Z M L K
Í Y V U N Á R A T H C A U Y V
O B K Y R A G Ó R B T W F Z P
C E O L A Í O C H T L V S T O
H T R A I D I S I Ú N T A J E
T H B P E S A I R G E A D A K
```

FORC
MILSEÁIN
SCOIL
TEICNEOLAÍOCHT
TRAIDISIÚNTA
BRÓG
UACHTARÁN
WILDCAT
TORADH
SRÁIDE

PÓSTA
EOLAÍOCHT
GRANDMA
FIREFLY
TRÁCHTAIREACHT
AIRGEAD
NUACHTÁN
TIONSCAL
SILKY
REIGN

Puzzle 86

```
Z Y I U M J M Z S A T N U C D
P F U W W S Q S H B H O É F E
L V Z X D C I I H R U Y A I A
B L A S P J É R I Ú I G D A N
A B B I M O A I J G S O Ó N N
A O S O G I T G H A M U C N A
K S M A T L D A G W I W H A I
H O Q H V Ó T Á I L T Q A F G
N E A D E Q C E A B H A S V H
V B Z I C Á O A H M E I A Y N
S L P É I S N C M P O B C H E
V F N R L R F V Á B I Í H C J
K W V H B M F S L S R A B U R
T H A R R A I N G T Í E R A H
```

FIANNA
THARRAINGT
RUBAR
BLAS
BHRAITH
HAOIS
LÁMHAIGH
THUISMITHEOIRÍ
IRIS
BEO

NEAD
POTA
AIBÍ
GIÚIRÉ
ÉADÓCHASACH
DEANNAIGH
MHEÁN
VÓTÁIL
CUNTAS
RÉIDH

Puzzle 87

```
Y  Z  Y  D  W  P  V  X  X  L  M  C  Q  W  C
O  L  C  P  C  K  H  E  T  I  E  C  S  R  H
Z  Á  E  I  G  D  T  E  C  Q  L  R  É  N  L
G  N  Y  R  G  S  B  U  A  M  S  X  D  I  U
F  Ú  G  X  I  C  Y  C  T  S  I  O  N  A  A
E  I  R  A  E  S  N  I  S  C  A  K  J  C  S
A  N  B  M  I  S  E  R  Y  R  U  N  I  Ó  D
R  U  Á  B  H  A  R  N  X  S  E  H  T  N  I
T  G  O  H  D  A  E  N  N  I  H  C  C  A  S
Q  C  Q  A  T  U  A  A  G  D  J  I  A  I  P
Q  M  F  V  V  O  C  L  B  E  H  O  L  D  L
V  M  P  A  C  P  E  A  S  S  Y  R  M  H  A
J  H  C  A  E  S  R  I  U  T  Q  H  A  M  C
O  U  L  S  L  S  W  B  E  N  F  S  R  E  E
```

LÁNÚIN
MISERY
SCEITE
SINSEAR
SHROICH
TUBAISTE
CHLUAS
FAD
PHEASANT
ANOIS

TUIRSEACH
NDÉ
UAISLE
ÁBHAR
CALMA
FEAR
CÓNAIDHME
DISPLACE
BIALANN
CHINNEADH

Puzzle 88

```
X A Z B E B E S K I D D I N G
P É I N T E A N N A A A K E Z
Z C E I T H R E W Z E Y L N D
S C I O B Ó L R A L H B A B F
C Ó C A I R E Á N H C Z C C A
T U A R A S C Á I L A É C S R
S D K B X S Q A T E A P O T H
P H O L A I T Í O C H T T M G
W C H A I T H E A M H R I A N
W O X Q X A V W V L E N D G A
E Í N M I C I U P X N R A O I
W T F D J X P D E I Y O X W R
I D B Q E D V H U T D S Y D G
Y J A Q R R H F G D S X U Y O
```

SCÉAL
KIDDING
PHOLAITÍOCHT
TUARASCÁIL
BABHLA
EXERT
IMNÍ
PÉINTEANNA
CEITHRE
SCIOBÓL

CAT
CÓCAIREÁN
DTÍ
CHAITHEAMH
WONDER
FUINNIMH
CHEAD
GRIANGHRAF
TEAPOT
SORN

Puzzle 89

```
B A H R V C A M W R W B N L A
H I C A K R G T U K I N R P L
A S A I A N S C J W A G Ú Z D
I T T N D Q L T Z L U R D J L
N E H A I R D E R Ú G Y A T X
E A C V A G J Ú D S R Q É R A
A C A E N N I Ú C L E L M L Q
N H H K D T T E A G M H Á I L
N N B K C I H C D É A N F A R
N P Á I G B B E A N N A C H T
A T H C A E R I A C S A I O D
I P T L Á I M H S E Á I L X I
C G Í K P A I N F U L L Y I L
S Q R S T R U C H T Ú R I V U
```

IASCAIREACHTA	PAINFULLY
SCIAN	CÚINNE
BHAINEANN	RÍTHÁBHACHTACH
RAIN	STRUCHTÚR
PHICTIÚRLANN	SÚL
AIRDE	TEAGMHÁIL
MÉADÚ	BEANNACHT
AISTEACH	CHICK
CUR	DÉANFAR
LÁIMHSEÁIL	GRÚPA

Puzzle 90

```
Z  U  S  S  C  R  Ú  D  Ú  I  E  H  N  R  C
D  Z  N  P  A  J  Q  E  V  L  C  Á  A  T  A
F  Z  F  E  É  I  P  Y  O  K  S  D  T  V  I
H  C  A  E  T  I  É  R  S  O  A  A  S  P  D
Í  L  P  M  I  S  R  L  C  É  T  E  O  J  R
N  U  A  I  R  D  L  G  M  Z  B  R  I  L  E
H  C  O  E  D  A  N  I  Á  I  R  C  L  D  A
M  W  C  R  U  K  M  H  X  Y  W  S  B  E  M
A  Y  F  Y  Q  R  Z  J  W  T  U  L  K  K  H
E  B  G  Z  I  C  O  M  P  O  R  D  A  C  H
N  N  T  E  É  A  G  S  Ú  L  A  C  H  T  P
M  A  T  O  R  R  A  P  A  T  A  E  L  Í  M
T  R  É  D  H  E  A  R  C  A  C  H  U  H  E
D  T  E  A  G  M  H  Á  I  L  W  J  A  B  Q
```

MÍLEATA	TRÉDHEARCACH
DTEAGMHÁIL	DEOCH
SCRÚDÚ	NUAIR
COSÁN	TEIRMIMÉADAR
SCREAD	COMPORDACH
ÉAGSÚLACHT	RÉITEACH
LIOSTA	SPÉIR
NEAMHNÍ	SIMPLÍ
CAIDREAMH	PARROT
LUA	CRIÁIN

Puzzle 91

```
S  E  A  C  L  Á  I  D  E  N  K  L  S  I  X
C  Ú  I  R  T  E  Q  H  C  E  O  U  W  Q  G
T  R  U  C  A  I  L  H  H  E  Q  Í  P  X  A
J  U  H  I  C  S  O  G  S  Y  C  A  A  H  A
S  B  I  G  N  I  I  K  Q  U  V  N  C  T  G
F  T  J  B  L  I  Á  E  N  Í  F  A  E  I  H
R  T  R  E  H  B  I  É  L  S  E  E  A  A  A
S  H  A  M  H  L  Ú  T  P  S  W  L  R  M  I
N  C  A  N  D  O  N  A  P  S  Z  F  R  Q  D
H  S  C  R  I  O  S  I  M  X  T  A  Á  E  H
U  I  M  H  I  R  L  C  L  Ó  S  O  I  F  U
E  T  F  X  Y  I  F  W  O  I  H  I  D  W  Q
W  T  S  P  É  S  L  Á  I  N  T  I  Ú  I  L
T  I  M  P  E  A  L  L  A  C  H  T  A  K  G
```

AN-DONA
UIMHIR
SLÉIBHE
AGHAIDH
SCRIOS
FÍNEÁIL
TRUCAIL
TIMPEALLACHTA
EARRÁID
CÚIRTE

SLÁINTIÚIL
ÉILIPSEACHA
CLÓS
MAITH
SEACLÁIDE
CHOILEACH
SEOL
LEANAÍ
FAOI
SHAMHLÚ

Puzzle 92

```
E D S C N L Á I M H E Z F I D
I R E A B L T H C A L H M O C
S O A T K J S G D Y V J M B X
I C C K T U I L E F S Y A C A
Ú H H I D H I Ú L T Ú P Z E Q
I B A N Á E S I E R B M C A H
N H S C M Á L A Y H K U H P Y
T É D R I T I L P M Z S O T B
N A É J L L F Á S T A T S H Z
H S A Y K S L S V O R T Y A S
F A N A T N A E R I A U J P J
I C T X N J G G R V C D D A O
T H A Q L W A H N Ó I M É A D
Y R L M T R C P W G U N A O F
```

SEACHASDÉANTA
UAIREANTA
DROCHBHÉASACH
EISIÚINT
LITIR
FÁSTA
TUILE
CILLE
DHIÚLTÚ
CARA

CATKIN
DHÁ
CHOS
LÁIMHE
SAORGA
COMHLACHT
CEAPTHA
NÓIMÉAD
MÁLA
MBREISEÁN

Puzzle 93

```
B O C H T A I N E A C H T A A
C I J D F T K S E T I B N R L
L T W A I X P C A A R O Í C Á
A E Q E C E S H T M S J D L D
Í Q M L Z U C D Z U A P B O N
O J L I C A I Á Q R Q E A G A
M O B Á E E H L X D P E I L E
H K O H L E E K E O W Z M É G
F M B D Y Ú I L I A H B X I I
S I L I Ó H C O M C N G N L É
U P Á I R T I T H E T N S E S
F R E A G A R T H A X F T A K
M H O T H Ú C H Á N A C H M R
D G R F R S A A Z I H I F H V
```

BHAILIÚ   BOCHTAINEACHTA
EASPA   ÉIGEANDÁLA
BITE   LEEK
PÁIRTITHE   CHÓILIS
FREAGARTHA   CLOG
ÁDH   CLAÍOMH
MHOTHÚCHÁNACH   DRUMA
DHÁILEADH   ÉILEAMH
CUILEANN   PEILE
CÍOR   UIBHEACHA

Puzzle 94

```
P H W H T F Í N Í L I S C K P
J C M B N Í Y P S A H M O H T
B Á S A O O J Q A G M E G B O
L E T R M N S U M H W H P P P
K L A K Ú C U B U A O V I I D
A P I L S H O Z C I P P N Q Q
W S D Q A A I Ú D R O S K N Z
U H É B E O C T I T R T I R Y
L M A R M R I C Í A T Á R T V
J A R Ó J A L N P E I N Z M S
H E C G C R E I D I M L I C Z
A N L A X T D D E A S U W U N
G L A C A D H P A D H W C K X
W A E B P C B H U A C H A N K
```

BARK
MÚSAEM
ORDÚ
LAGHAIRT
SILÍNÍ
BRÓGA
TRÁTAÍ
GHOID
LÁMH
THOMHAS

DELICIOUS
GLACADH
BHUACHAN
PARSNIP
FÍONCHAORA
CREIDIM
STAIDÉAR
CUMAS
NEAMHSPLEÁCH
DEAS

Puzzle 95

```
Y R E T S Y M D P I V V N T G
M E A H C X I H A S C O R F O
M A T N A S O C R I E K R T L
U X O O N Y L M G A C Y Q V P
M C P E J J Y L A D U H H K W
C Á I L I Ú I L E A F M E J I
D R O M C H L A R E J T U A G
C H I N N T I Ú F G N O T E D
A T N Ú I S I Á N R I D I A T
S T Á I S I Ú N R I I L J G P
S A N R A I T H U A S K K N I
M O R Á L T A P D C K S H A Z
H A M S T E R Y A D C X Y E I
F E K C N F R F Í K B C W G X
```

HAMSTER
COSANTA
AIRGEADAIS
RUDAÍ
CHINNTIÚ
RANN
AER
ANRAITH
IDIRNÁISIÚNTA
DROMCHLA

LEON
CNOC
MYSTERY
MORÁLTA
CÁILIÚIL
STÁISIÚN
FREAGRA
MUMMY
DAICHEAD
EAGNA

Puzzle 96

```
T P C A H B A E S T G A P W T
E R B I O U H R W R N M Ó A H
S I O N A G M U K A R K I T U
K S L S U O F D A M G J L E I
S C W A C Z D Í H C W Q Í R S
M D T L Ú Á V O C C H M N M M
S O R Y D I N L A E C A Í E I
P T A L Ú N D T E A A P N L T
T H U A R B L Ó H N L M W O H
B P N W C M U I B N T A I N E
K H N M S D J R I A A L G C O
D S O P M F I X U I E D G D I
V O I A I X A C A R R O L E R
S L F K H T C E R E C M E F Í
```

TRAM	PÓILÍNÍ
SEABHAC	FIONNUAR
CEANNAIRE	WATERMELON
THUAR	IMSCRÚDÚ
CREATLACH	LAMPA
DÍOLTÓIR	POTA
TROSCÁN	THUISMITHEOIRÍ
TALÚN	ANOIS
OIBRE	UIBHEACHA
WIGGLE	BHUACHAN

Puzzle 97

```
S E I R B H Í S E H G R Á Y B
P E X U A G Y W N A H C Á E M
B É R A H B Á H M O C I V S F
C A I B H A I S C I T L I I A
E I C N I H N W X S V K N O G
A N I S T Y J O X B D Í I R Ó
P T A M L E P J L O P Z Ó Á R
T Í E B C O Á Y C I W B F F C
H N B O E N W I A U V D A Y H
A T J W D P D C L Q F O E G U
I D I R B H R I S T E D L F M
C O N T Ú I R T E A C H I U A
C H E A N N A I G H K M E Z K
I A R R A C H T Q U H H T F J
```

PÉINTEÁIL   GRÁ
MEÁCHAN   IARRACHT
AINTÍN   CHEANNAIGH
SEIRBHÍSE   BHAISC
AICI   SLOW
CHUMA   CRÓGA
CAIPÍN   TEILEAFÓIN
SIORÁF   IDIRBHRISTE
COMHÁBHAR   HAOIS
CONTÚIRTEACH   CEAPTHA

Puzzle 98

```
S E K T I A G G H C A I F R S
O X Q H V U G C T Y P S O Z N
I A X T J G A R M O E S K R Á
L X R B Ú T B U N Ú S A C H T
É H X Ú R H B F Á L Ú H O U H
I T S A H C A R G A E R F D A
R I L H T N N A E N I A H B I
W A V W A N O Í F F U Q J O D
M R Y E I G O R T A Í T E A R
F S L A L Á T H C Á R T Q N O
N H R V V D P R I A L Á I L H
P C Q L E A B H A R J B P O J
C O N T Ú I R T E A C H A Z W
S Z G A O Q R S W R U G G K V
```

BHRÚ
MALARTACH
LEABHAR
SOILÉIR
SEOMRA
RIALÁIL
ATHRÚ
FÍON
SRAITH
FREAGRACH

FÁLÚ
PHLEAN
BUNÚSACH
GORTAÍTEAR
TRÁCHTÁLA
SNÁTHAID
CONTÚIRTEACHA
FIACH
CRAINN
BHAINEANN

Puzzle 99

```
T T R O B H O L A É N I A C T
S U W F X C U M E A I S Í N R
O T R P Z F S A M H A I L D U
N L E C R D É A N F A R E R N
R E C E A O P N E B J C S U K
A U E L U Í I P H M O Í R M Z
Í H D A T H C A E L H C G A D
C M O E L L I U D L C H Ó Y Y
J É X X F N H A V K Í I S W F
U A U Y F C U I M H N E A M H
Z D A A N W F X Z A C Y E V U
O Ú I F I S I C I Ú I L Q X Q
A D O D F F V F Q K E G E O S
H J X F Z N Q A C A T O C B Z
```

CHLEACHTADH
MEAISÍN
DUILLE
EASÓG
CUIMHNEAMH
ROB
SAMHAIL
TRUNK
CHEERFUL
RÍOMH

TEICNÍC
TURCAÍ
FISICIÚIL
MUC
SONRAÍ
BHAINFAIDH
CAINÉAL
DÉANFAR
MÉADÚ
DRUMA

Puzzle 100

```
A N E M O N E Q E L P K D C C
R A N N P H Á I R T Í A O X L
I L R O U G R E D C I L H M I
A B O A F F É I N L F T F T P
R Á S R V V N J I O Q M X P S
C T Z H U T H O É A L Z B S H
H L D R Q J E Y D Y H O B L D
U V V T H C O Í A N Á R H M A
R I Y G W N Q Q I U Y X L V S
T B W H L N Y H R D E X A P O
H M N Q A X W R X Á I T I Ú D
A M O T E L L O P R L R N T A
S L Á I N T E G I G A N T I C
F F Q V U W R L N H W L H Q Y
```

SODA
RANNPHÁIRTÍ
SLÁINTE
FONN
POLL
AMHRÁNAÍOCHT
ANEMONE
FÉIN
CEOIL
GIGANTIC

IARCHURTHA
ÁITIÚ
TÁBLA
CLIPS
MOTEL
GRÁD
ÉIN
ALT
RAON
SORN

Puzzle 1

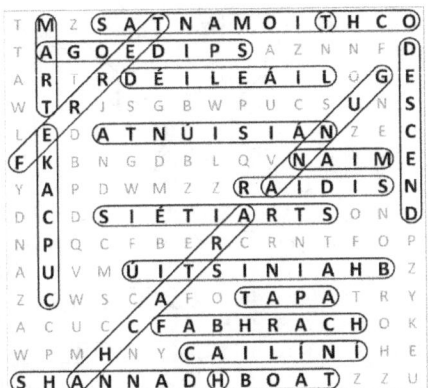

Puzzle 2

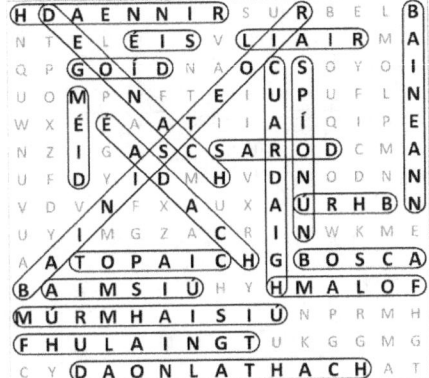

Puzzle 3

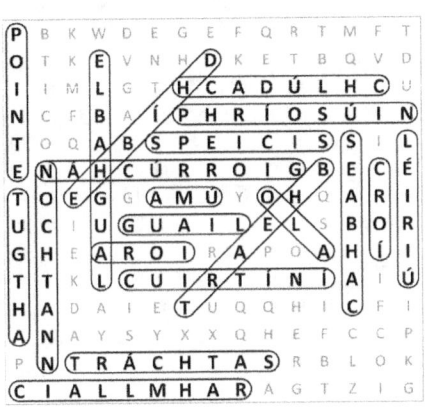

Puzzle 4

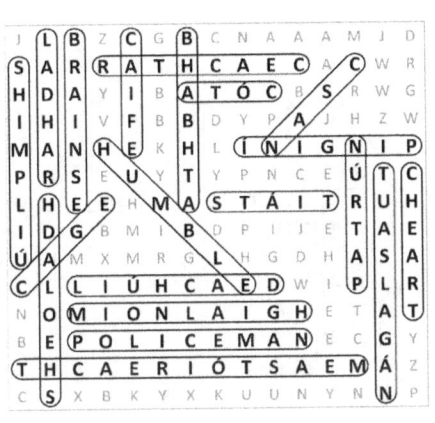

Puzzle 5

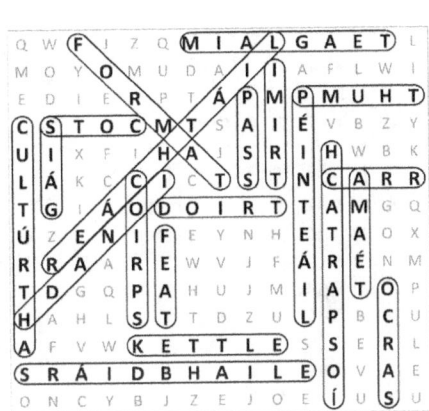

Puzzle 6

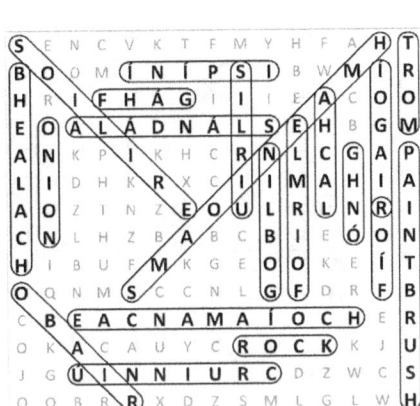

Puzzle 7

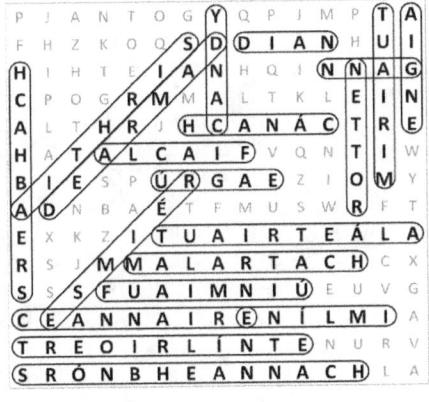

Puzzle 8

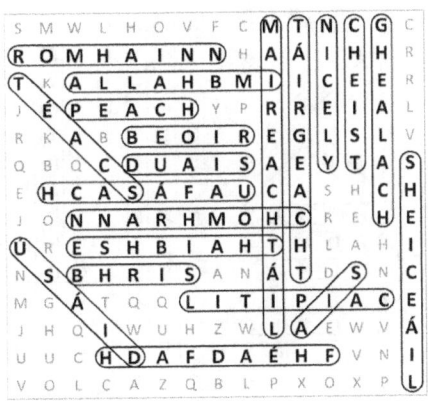

Puzzle 9

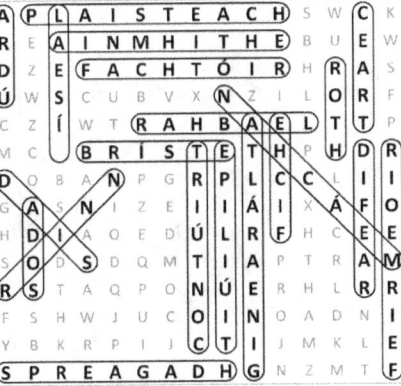

Puzzle 10

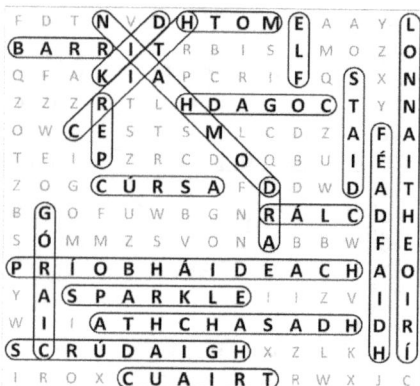

Puzzle 11

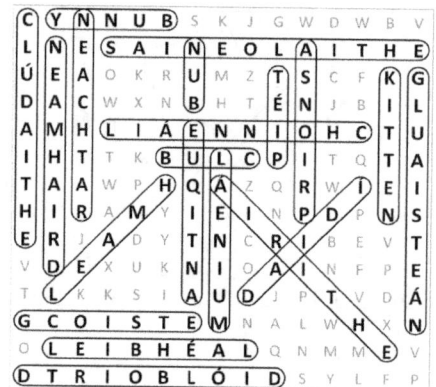

Puzzle 12

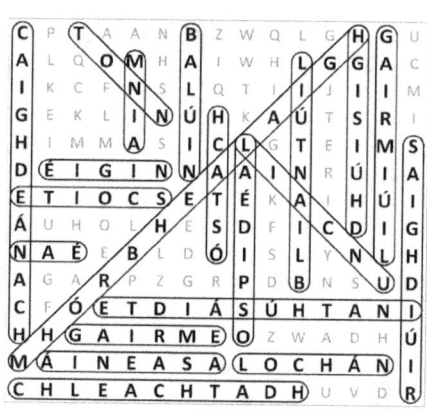

Puzzle 13

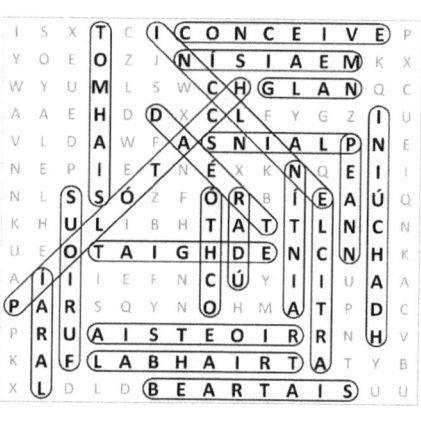

Puzzle 14

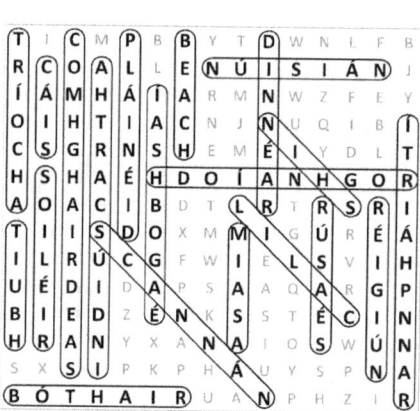

Puzzle 15

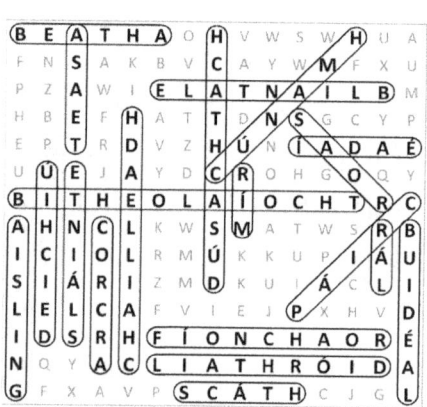

Puzzle 16

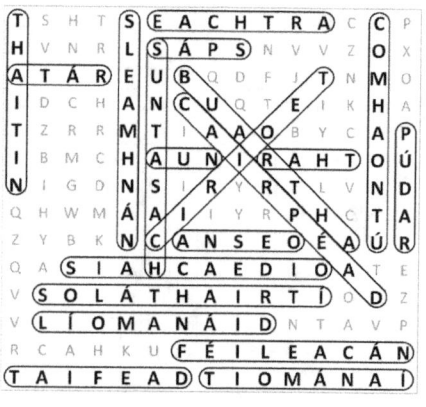

Puzzle 17

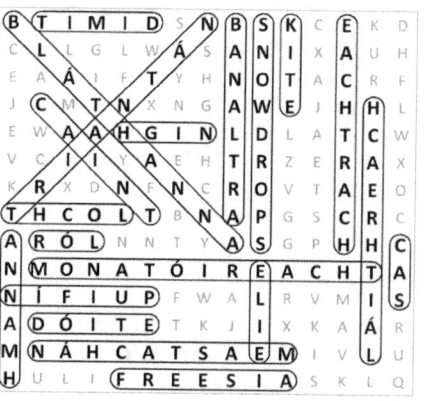

Puzzle 18

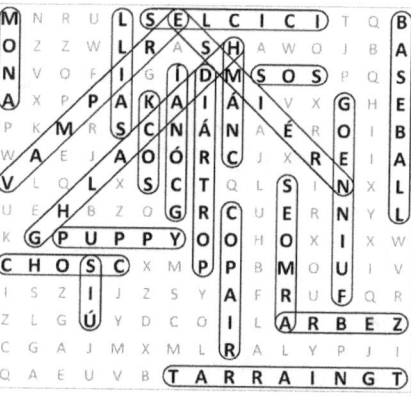

Puzzle 19

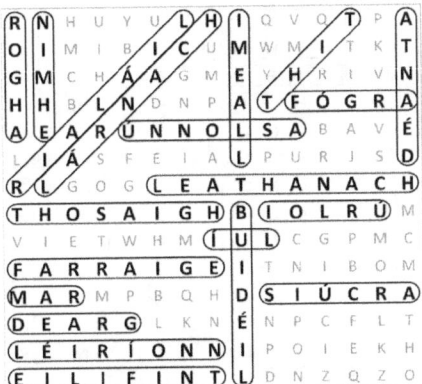

Puzzle 20

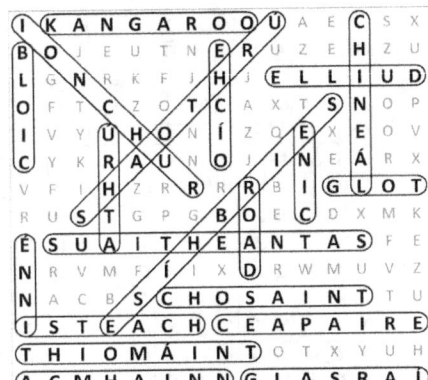

Puzzle 21

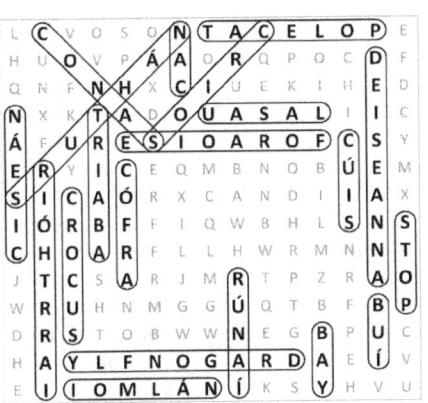

Puzzle 22

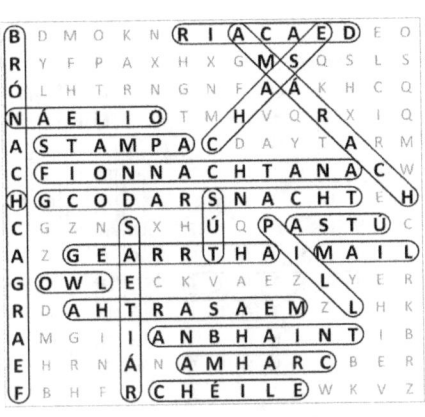

Puzzle 23

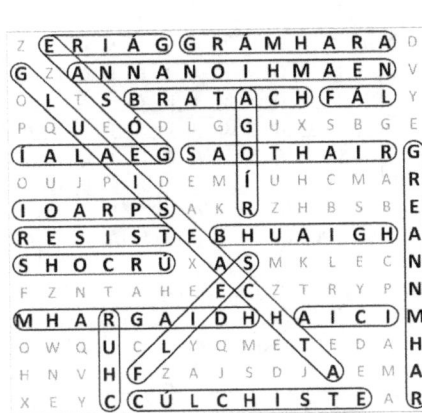

Puzzle 24

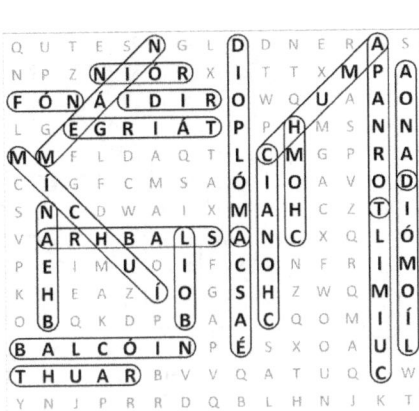

Puzzle 25

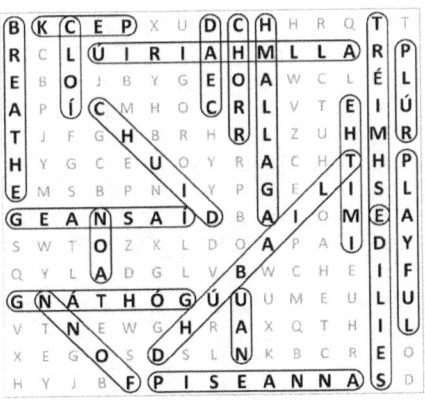

Puzzle 26

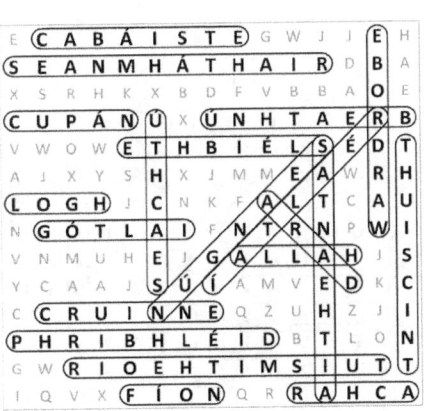

Puzzle 27

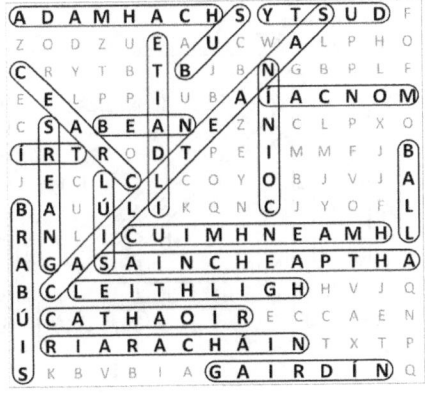

Puzzle 28

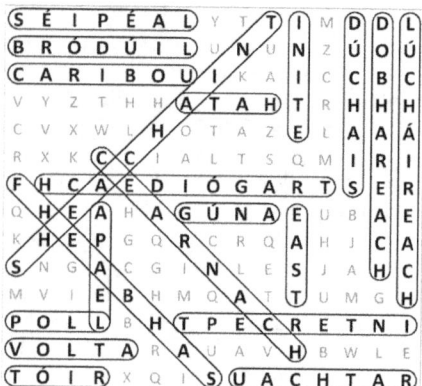

Puzzle 29

Puzzle 30

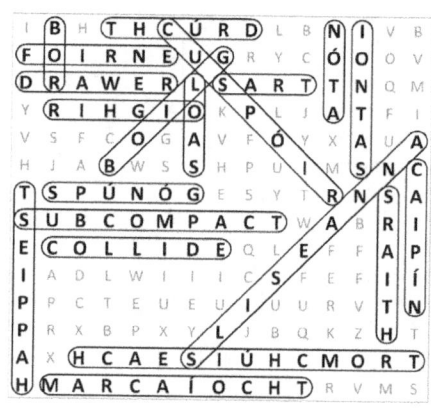

Puzzle 31

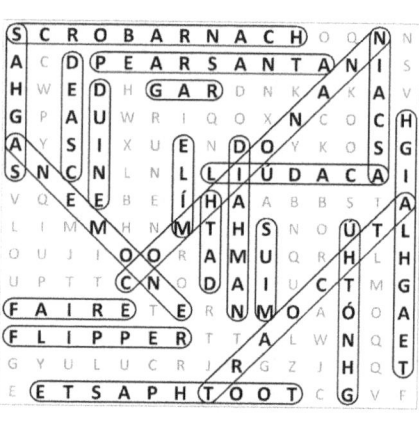

Puzzle 32

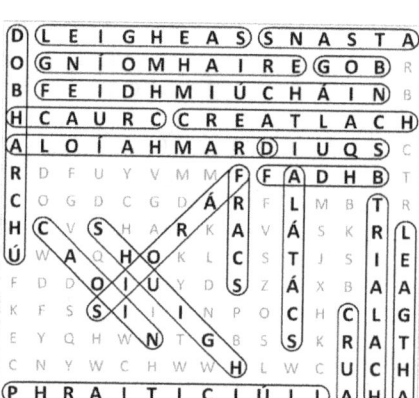

Puzzle 33

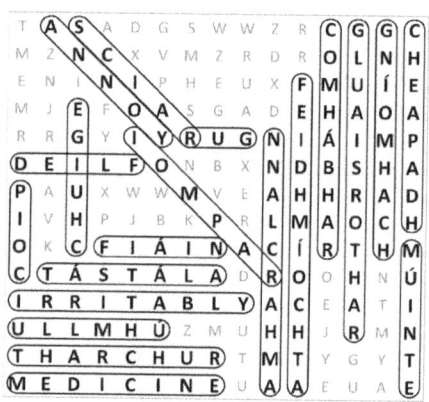

Puzzle 34

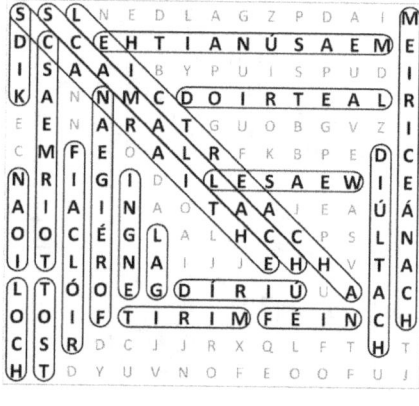

Puzzle 35

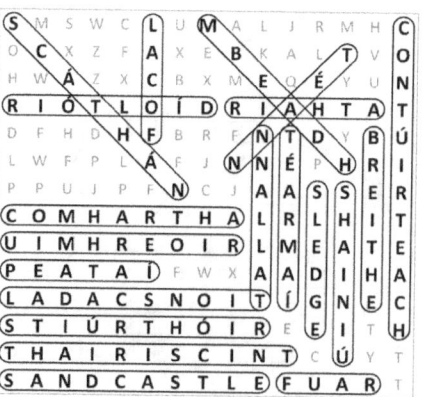

Puzzle 36

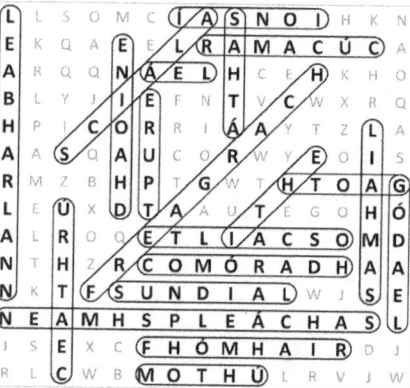

Puzzle 37

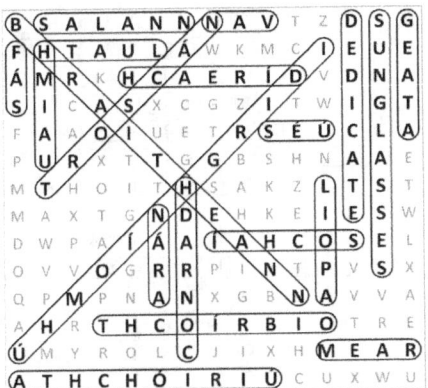

Puzzle 38

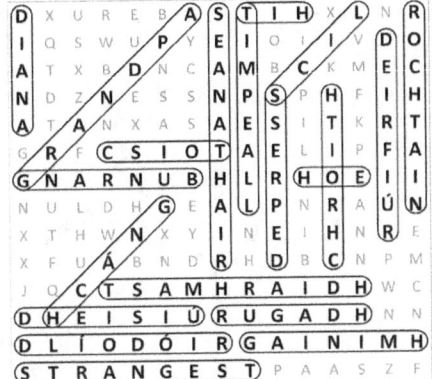

Puzzle 39

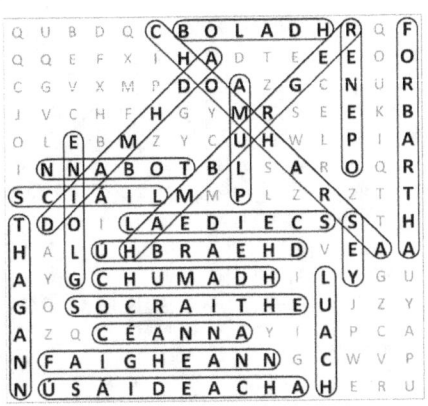

Puzzle 40

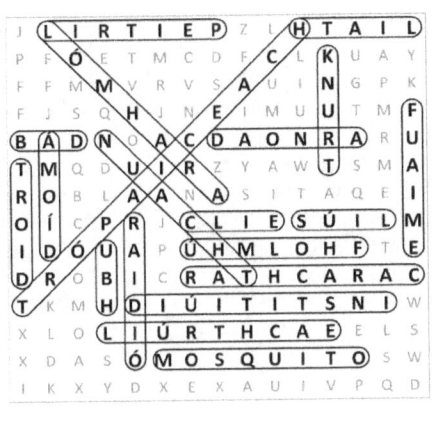

Puzzle 41

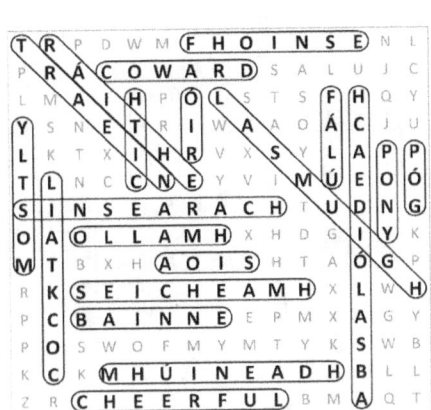

Puzzle 42

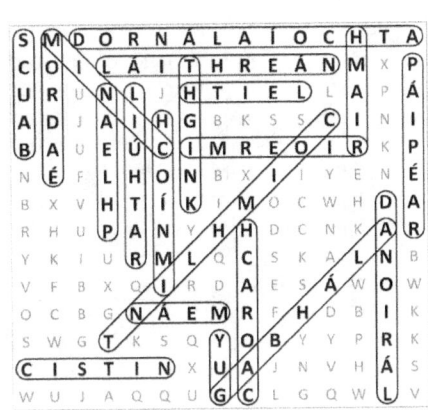

Puzzle 43

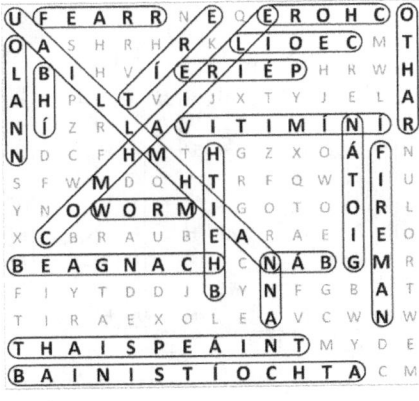

Puzzle 44

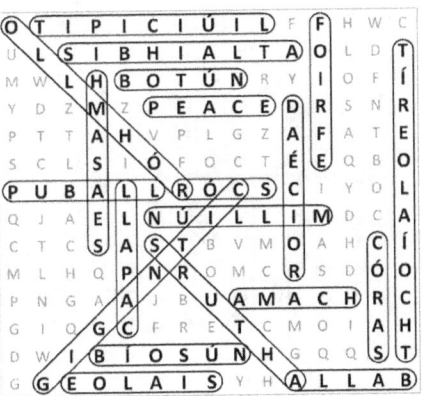

Puzzle 45

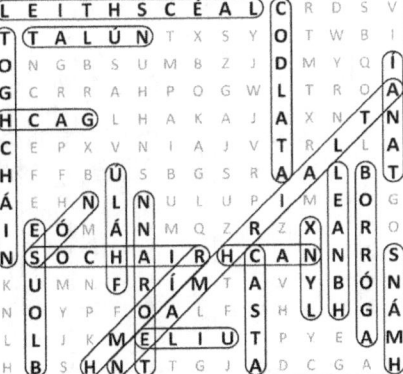

Puzzle 46

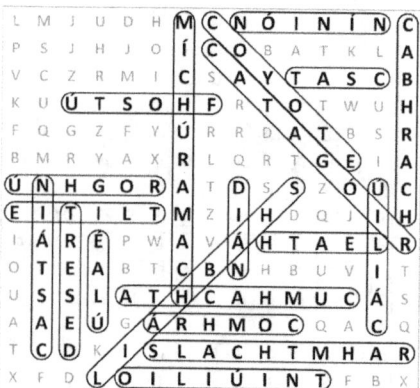

Puzzle 47

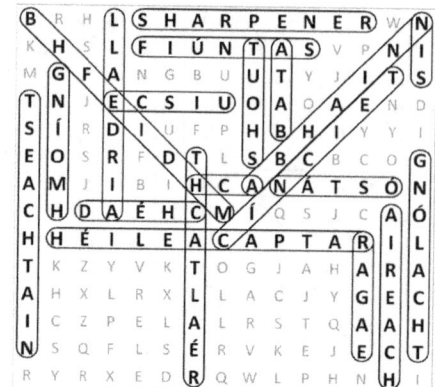

Puzzle 48

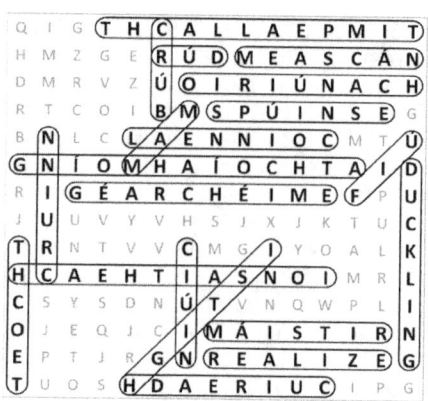

Puzzle 49

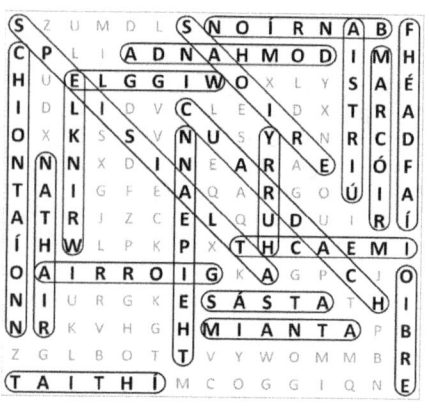

Puzzle 50

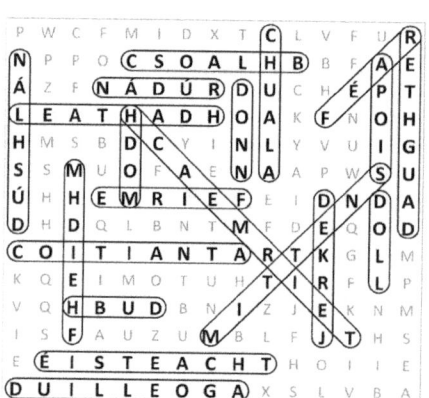

Puzzle 51

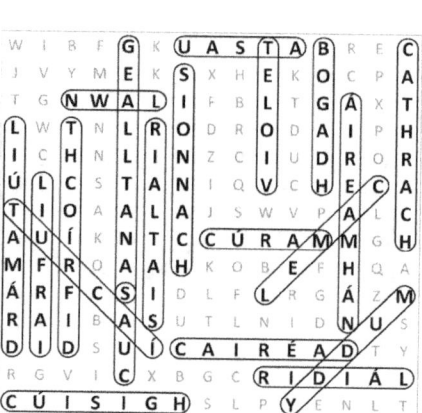

Puzzle 52

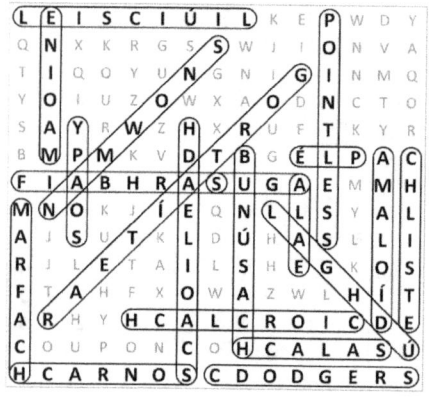

Puzzle 53

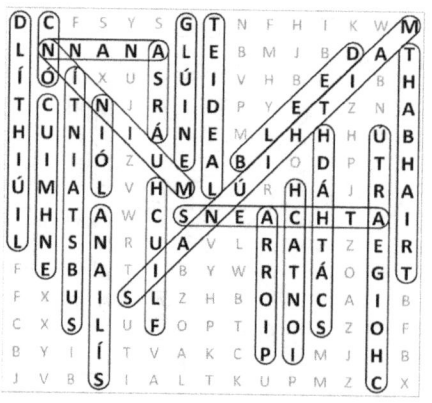

Puzzle 54

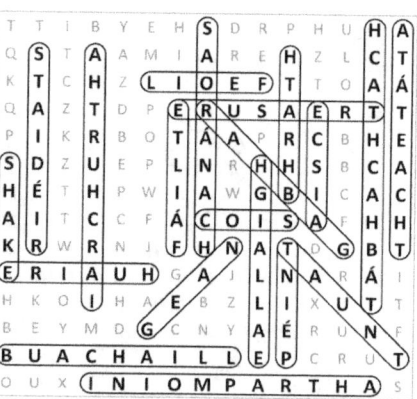

Puzzle 55

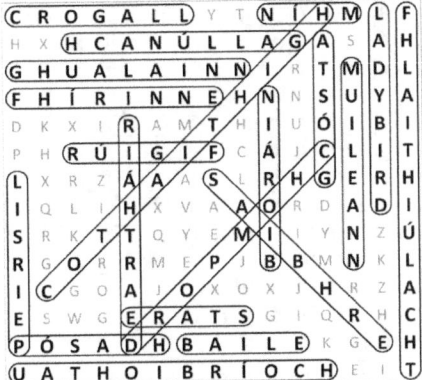

Puzzle 56

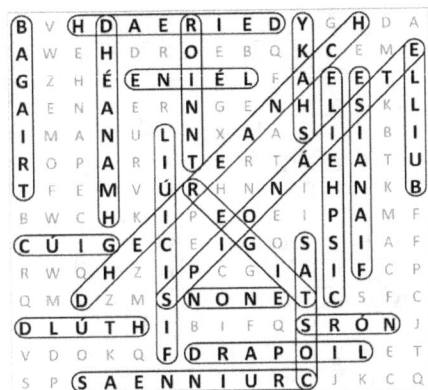

Puzzle 57

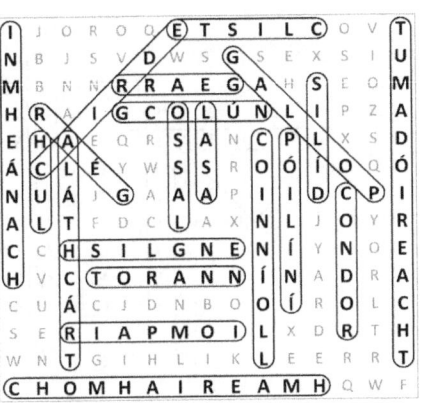

Puzzle 58

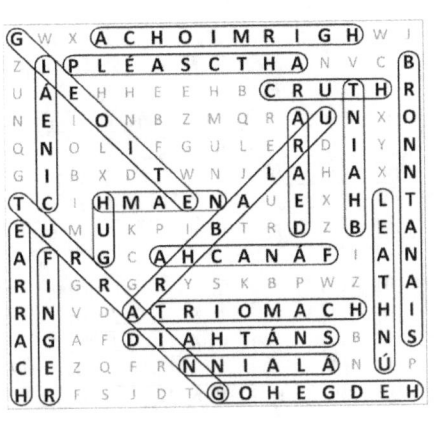

Puzzle 59

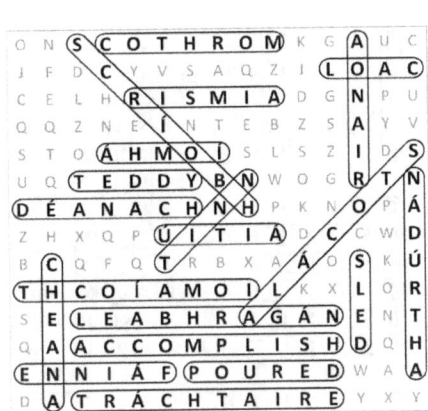

Puzzle 60

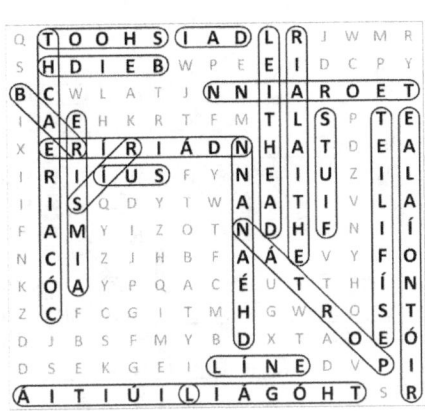

Puzzle 61

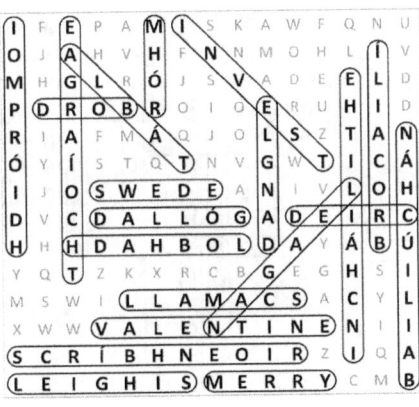

Puzzle 62

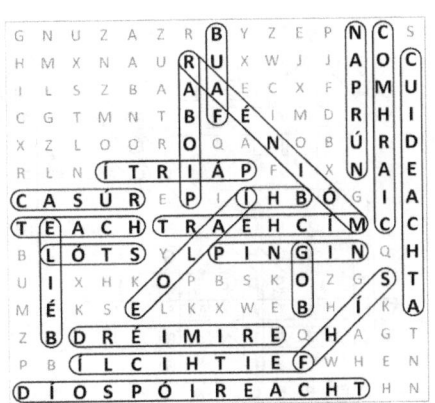

Puzzle 63

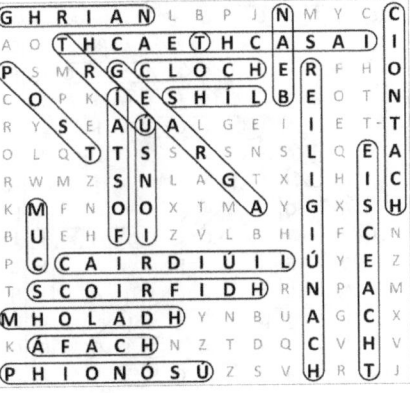

Puzzle 64

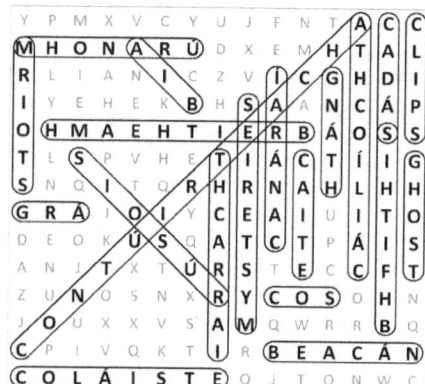

Puzzle 65

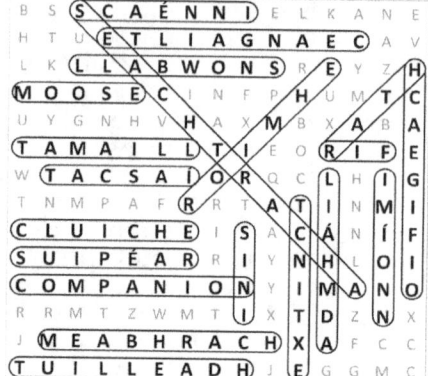

Puzzle 66

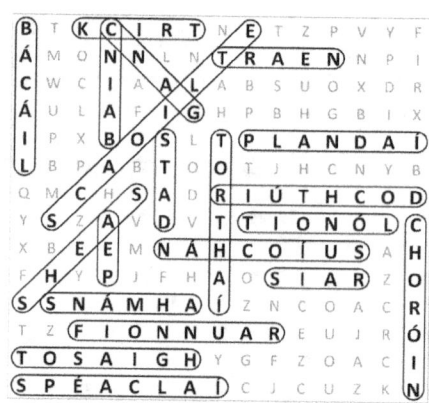

Puzzle 67

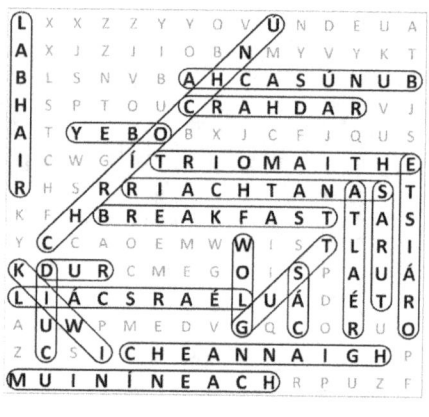

Puzzle 68

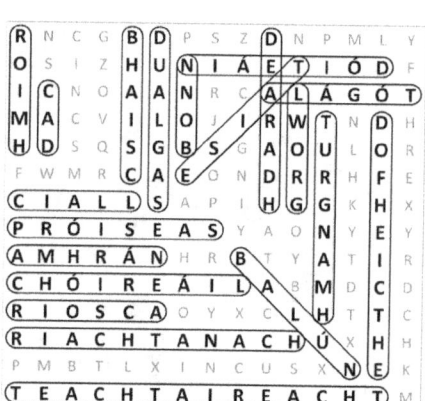

Puzzle 69

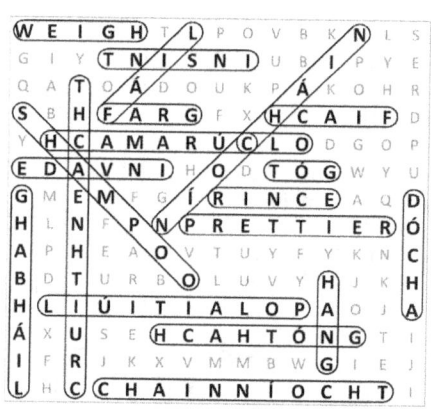

Puzzle 70

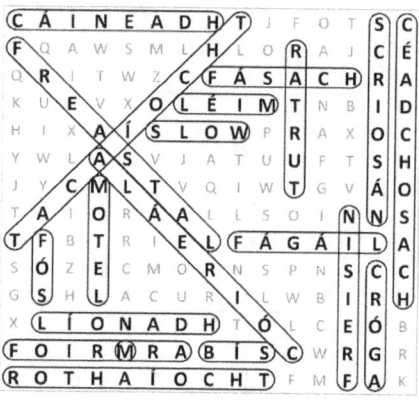

Puzzle 71

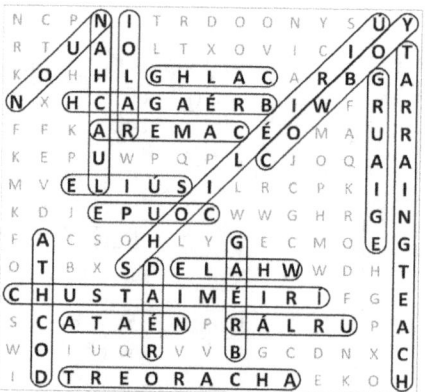

Puzzle 72

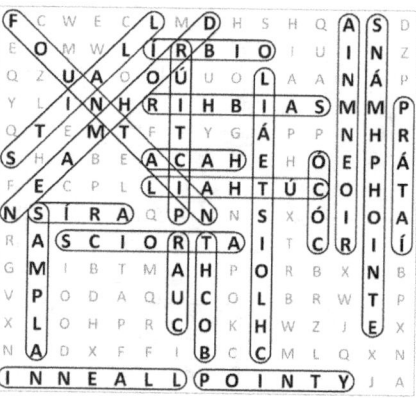

Puzzle 73

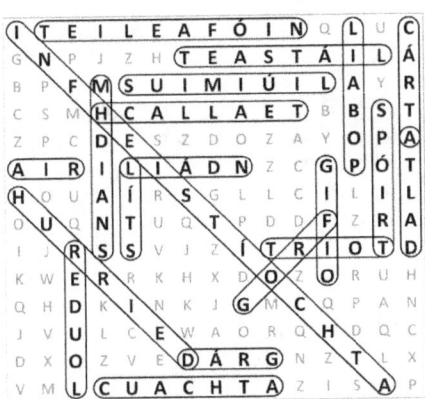

Puzzle 74

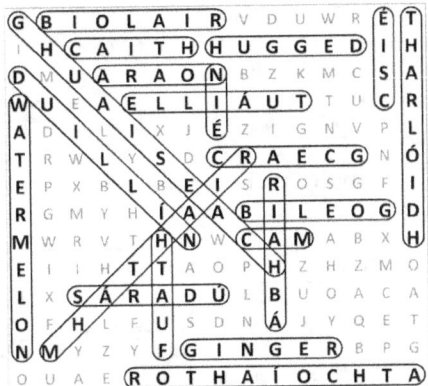

Puzzle 75

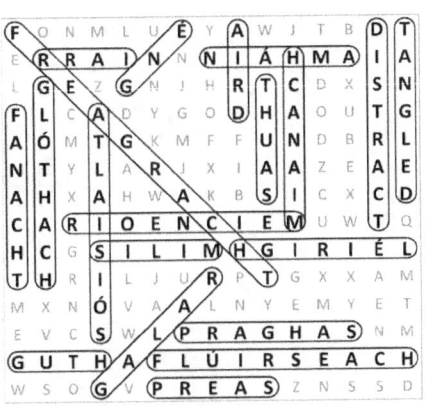

Puzzle 76

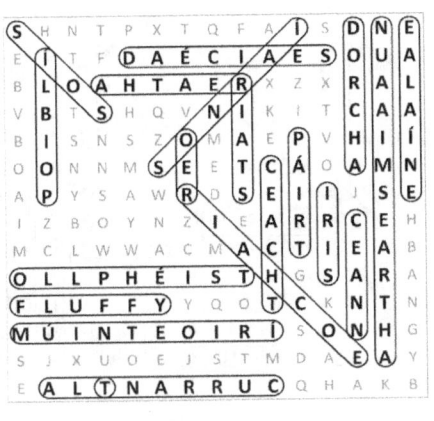

Puzzle 77

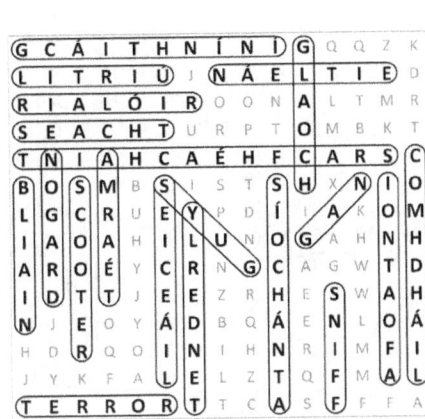

Puzzle 78

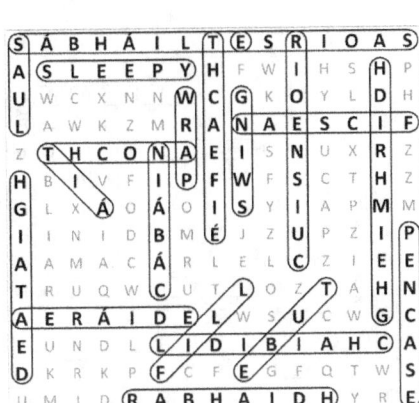

Puzzle 79

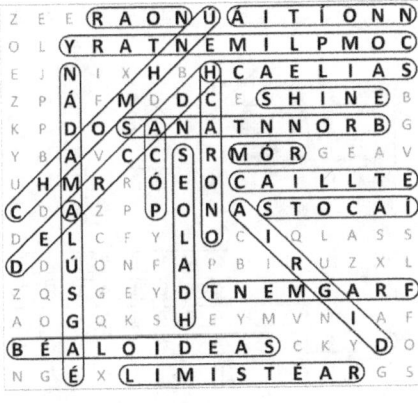

Puzzle 80

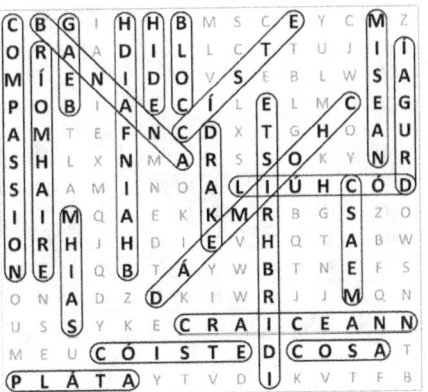

Puzzle 81

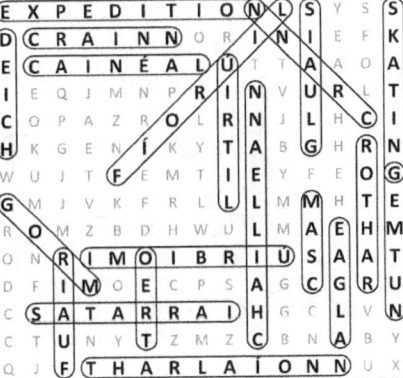

Puzzle 82

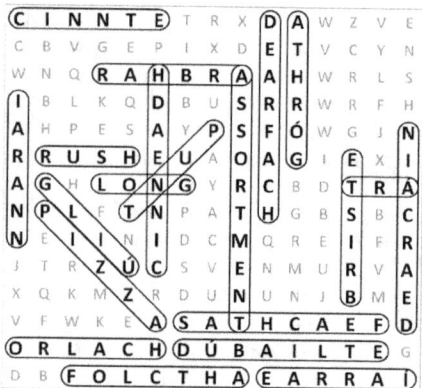

Puzzle 83

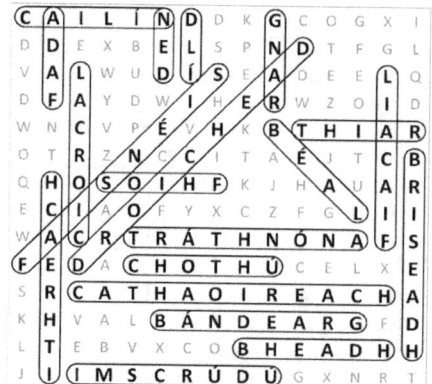

Puzzle 84

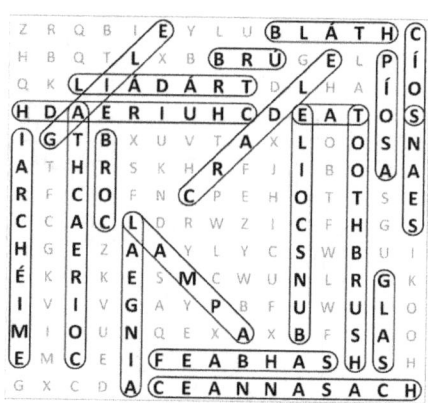

Puzzle 85

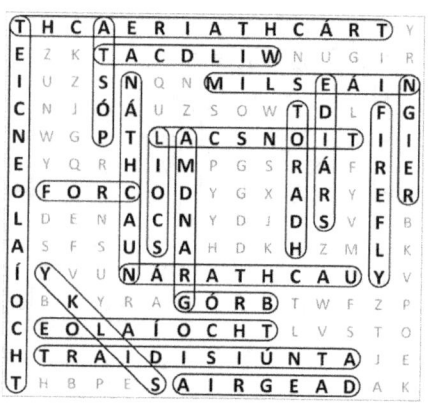

Puzzle 86

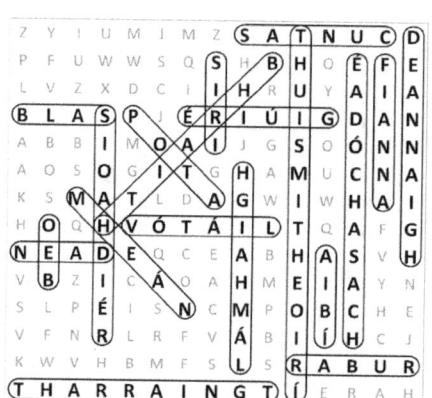

Puzzle 87

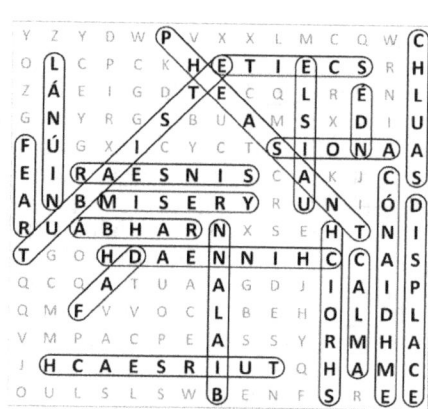

Puzzle 88

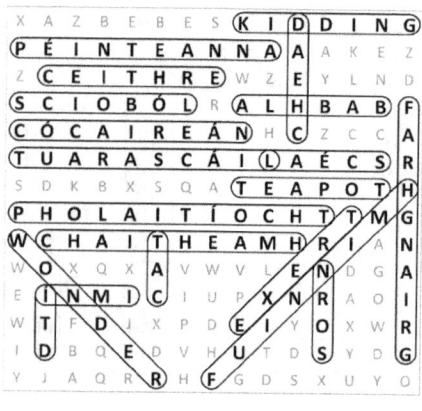

Puzzle 89

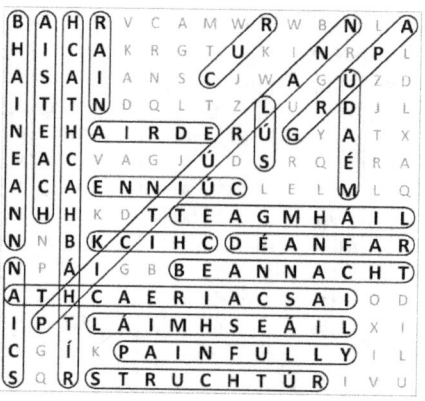

Puzzle 90

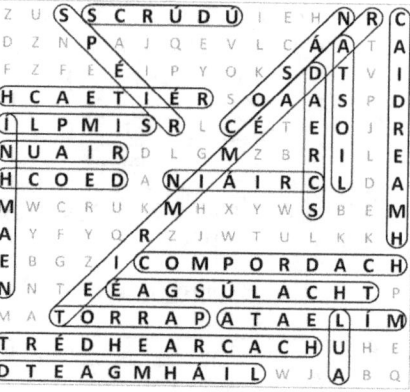

Puzzle 91

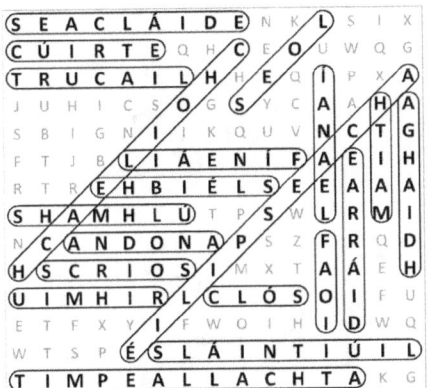

Puzzle 92

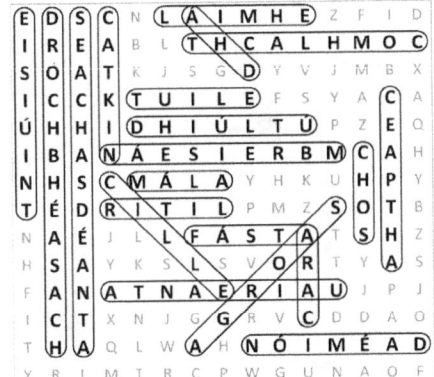

Puzzle 93

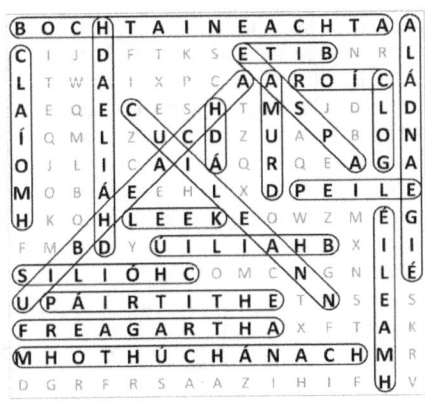

Puzzle 94

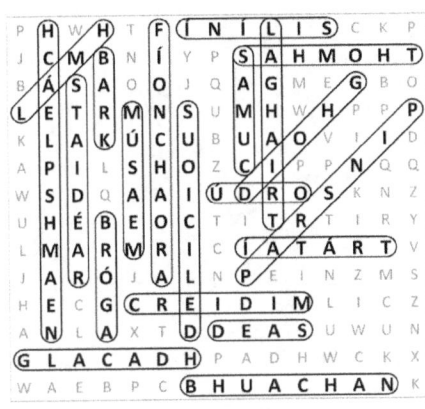

Puzzle 95

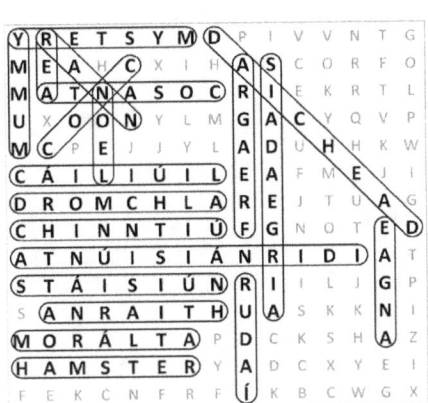

Puzzle 96

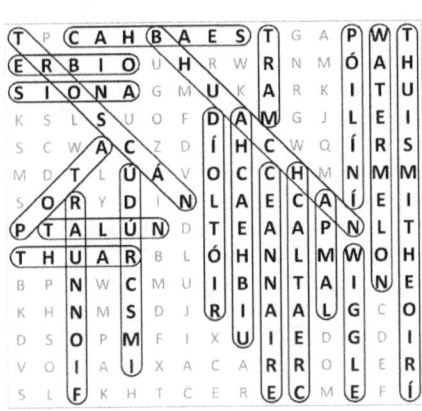

Puzzle 97

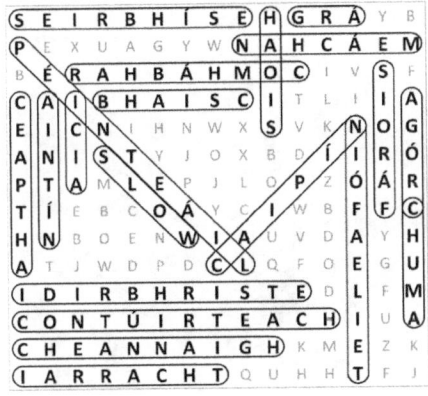

Puzzle 98

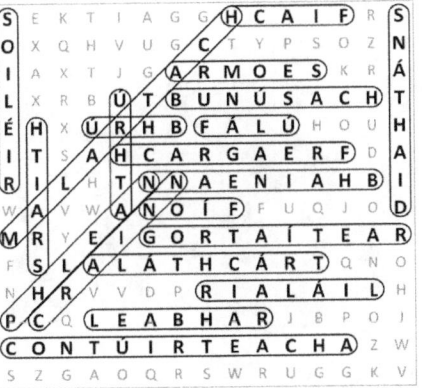

Puzzle 99

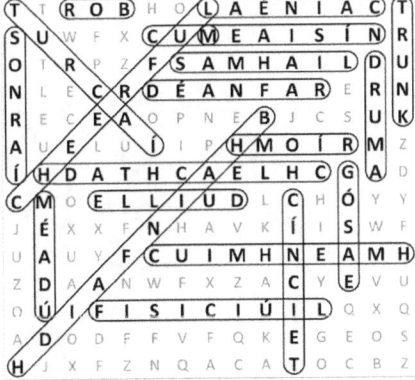

Puzzle 100

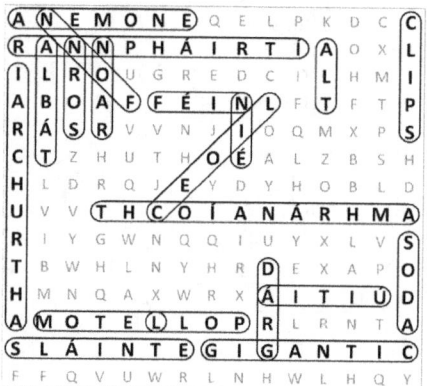

Congratulations

You made it!

We hope you enjoyed this book as much as we enjoyed making it. We do our best to make high quality games.

These puzzles are designed in a clever way to actively spark the brain and make it sharp and quick!
Did you love them?

A Simple Request

Our books exist thanks to the reviews you post on Amazon. Could you help us by leaving a review now?

Here is a short link which will take you to your Amazon orders review page.

BestBooksActivity.com/Review50

MONSTER CHALLENGE!

Challenge #1

Ready for Your Bonus Game? We use them all the time but they are not so easy to find. Here are **Synonyms**!

Note 5 words you discovered in each of the Puzzles noted below (#21, #36, #76) and try to find 2 synonyms for each word.

Note 5 Words from *Puzzle 21*

Words	Synonym 1	Synonym 2

Note 5 Words from *Puzzle 36*

Words	Synonym 1	Synonym 2

Note 5 Words from *Puzzle 76*

Words	Synonym 1	Synonym 2

Challenge #2

Now that you are warmed-up, note 5 words you discovered in each Puzzle noted below (#9, #17, #25) and try to find 2 antonyms for each word. How many lines can you do in 20 minutes?

Note 5 Words from **Puzzle 9**

Words	Antonym 1	Antonym 2

Note 5 Words from **Puzzle 17**

Words	Antonym 1	Antonym 2

Note 5 Words from **Puzzle 25**

Words	Antonym 1	Antonym 2

Challenge #3

Wonderful, this monster challenge is nothing to you!

Ready for the last one? Choose your 10 favorite words discovered in any of the Puzzles and note them below.

1.	6.
2.	7.
3.	8.
4.	9.
5.	10.

Now, using these words and within a maximum of six sentences, your challenge is to compose a text about a person, animal or place that you love!

Tip: You can use the last blank page of this book as a draft!

Your Writing:

Explore a Unique Store
Set Up **FOR YOU!**

MEGA DEALS

BestActivityBooks.com/**TheStore**

Designed for **Entertainment**!

Light Up Your Brain With Unique **Gift Ideas**.

Access **Surprising** And **Essential Supplies!**

CHECK OUT OUR MONTHLY SELECTION NOW!

- Expertly Crafted Products -

NOTEBOOK:

SEE YOU SOON!

Delta Classics Team

ENJOY
FREE
GAMES

NOW ON
↓

BESTACTIVITYBOOKS.COM/FREEGAMES